上海市科学技术协会　组编
上海人民广播电台

问出你的为什么 1

万问万答
wanwen wanda

上海科学普及出版社

万问万答——问出你的为什么 1
编辑委员会

总 顾 问	陈赛娟
顾　　问	杨建荣　王治平
主　　任	马兴发
副 主 任	黄兴华　翁伟民

编辑委员	江小青　张明霞　袁林辉　章荣冰　刘　健 潘　祺　张　玮　张　弘　张凤英　龙　敏 蒋惠雍　龙　琳
执行编委	章荣冰　蒋惠雍　龙　敏　张凤英
编撰人员	邢文明　朱建坤　谢春燕　张　晶　旭　崟 子　凌　叶欣辰　乐　祺

万问万答

序 言

科学普及和科技创新犹如一对"天使之翼"共同奠定创新发展的深厚土壤。当前，上海正处于建设具有全球影响力科技创新中心的深化推进进程中，科普种子是否广播撒、入人心，公民科学素养很有发言权。据第九次中国公民科学素质抽样调查结果显示，2015年上海市具备科学素质公民比例达到18.71%，位居全国第一，对标上海市公民科学素质行动计划纲要实施方案（2016—2020年），"十三五"期间上海市公民科学素质的比例从2015年的18.71%提升到25%，继续保持全国领先水平的总体目标仍有一定差距，尚须努力。

鉴于此，上海市科学技术协会与上海人民广播电台集聚、引领全市优质科普资源，在FM93.4上海新闻广播合作创设《十万个为什么》专题科学节目，充分发挥市科协的专家荟萃优势，广播的融媒体优势，让市民与科学家进行多媒体互动，引领听众、读者走进科学万花筒，使他们不仅知其然更知其所以然。该节目自2017年3月1日上线以来，经过两年多的精心培育，受到众多热爱科学、关注科学前沿、有一定科学素养的市民喜爱，日益成为市民获取最新科学知识、感悟科学精神的全天候平台。据统计数据分析显示：该节目市场份额持续上升、收听率不断攀升，并在同时段的节目中保持领先地位。

为了凝固转瞬即逝的声线，让更多喜欢的热爱的、关注科学技术最新发展动态的，或者脑子里藏有无数个"为什么"的青少年读者受益，上海市科学技术协会、上海人民广播电台、上海科学普及出版社联合打造《万问万答——问出你的为什么》系列图书，本次出书内容主要从广播版《十万个为什么》多主题精彩内容中，按照6大板块进行谋篇布局，主要涉及自然万象、宇宙万物、饮食生活、城市空间、数字智能等领域，萃取其中108个最惊奇、最想问、最有趣、又最生活的问题，集科学性、通俗性、趣味性、独创性、文学性于一体，知识丰富，解答权威，设计活泼，有趣好玩，在一问一答中、在潜移默化中促进读者积淀科学知识、培养科学思维、提升科学素质。

科学研究始于问题，从未知到已知再到未知、从发现问题向解决问题再向提出新的问题循环往复，螺旋式上升。在这广袤的天地之间，有浩瀚的苍穹，有美丽的河川，有恢宏的建筑……大自然神奇而美妙，千变万化的它，创造了万物生灵，而这一切背后，又蕴含着无穷无尽的奥秘，等待我们去探索、发现、突破。在科学探索之路上，一个个"为什么"推动了人类社会一步步的演化、一层层的进阶，促进了科学的新发现、技术的新突破。让我们翻开本书，畅游天地之间，和科学家们来一场智慧问答吧，也启迪您问出更多的为什么！

中国工程院院士、上海市科学技术协会主席

2019年7月

万问万答

目 录

第一篇　自然界的为什么

为什么公鸡清晨要打鸣？/ 2
鹦鹉学舌是怎么一回事？/ 4
冬泳的鸭子为什么不怕冷？/ 6
为什么猫发怒时会"炸毛"？/ 8
为什么猫的脚印看起来像一条直线？/ 10
小狗刚出生时为什么是聋的？/ 12
鸽子为什么会送信？/ 14
蚊子喜欢叮什么样的人？/ 16
苍蝇到底有没有嗅觉？/ 20
扇贝真的会自己跑吗？/ 22
三文鱼也有中国亲戚？/ 24
你听过长颈鹿的叫声吗？/ 26
猎豹和豹是同一种动物吗？/ 28
大猩猩为什么要捶打胸口？/ 30
动物为什么不用刷牙？/ 32
为什么昙花只在夜间盛放？/ 34
为什么植物会散发不同的气味？/ 36
海市蜃楼真的是幻象吗？/ 38

火山的威力究竟有多大？/ 42
海洋之下会有新大陆吗？/ 46

第二篇　天空上的为什么

为什么飞机飞过会留下一道白线？/ 50
飞机的舷窗为什么要做成椭圆形？/ 52
神秘的黑匣子都记录了什么？/ 54
飞机上的排泄物去哪儿了？/ 58
为什么彩虹总是弯弯的？/ 60
美丽的雪花是什么形状的？/ 62
看不见的风是如何形成的？/ 64
天上的云为什么千姿百态？/ 66
我们可以像雷神那样操纵雷电吗？/ 68
夏天看见的星星真的比冬天多吗？/ 70
天上的星座是如何命名的？/ 72
星际移民，是时候了吗？/ 76
太空也有加油站和快递小哥吗？/ 78
北斗卫星是如何导航的？/ 80
宇宙中充满了神秘的暗物质？/ 84
科学家们如何给黑洞"拍照"？/ 88

第三篇　城市里的为什么

在加油站打电话会引起爆炸吗？/ 94
为什么高架桥下要种爬山虎？/ 96
地铁结束运营后，列车都去哪儿了？/ 98

如何把长长的列车放进地铁站里？/ 100
城市的地下会被挖空吗？/ 102
我们扔掉的垃圾会被如何处理？/ 104
电影院里，哪个位子观影效果最佳？/ 106
电影中拆除炸弹的情节靠谱吗？/ 108
清洁能源是怎么发电的？/ 112
电厂发的电如何输送到千家万户？/ 114
用不完的电，还可以被回收吗？/ 118
商场里商铺设置都有哪些讲究？/ 120
为什么住宅楼很少有总高19层？/ 122
如何将一栋建筑进行平移？/ 124
古建筑修复是个怎样的过程？/ 126
港珠澳大桥背后采用了哪些高科技？/ 130

致读者 / 133

第一篇

自然界的为什么

自然问问问

为什么公鸡清晨要打鸣?

每天清晨,公鸡总是准时打鸣,为大家提供"叫早服务"。那么,公鸡打鸣只出现在清晨吗?

答疑解惑

专家档案
薄顺奇　上海市野生动植物保护管理站

作家高玉宝笔下的"恶霸地主周扒皮"为了让长工们多干些活，半夜三更起来学鸡叫，使得长工们提早起床披星戴月地劳作。在周扒皮的诱导下，公鸡也开始打鸣，这暗示着公鸡打鸣在一定程度上可以通过外界刺激激发。

从内在生物钟角度分析，公鸡一般会偏好于在日出前的两个小时，即凌晨天还没亮的时候开始打鸣。但公鸡并不只是在清晨才打鸣，实际上它在一天中的任何时候都会打鸣。研究表明，公鸡的打鸣次数和光刺激的强度正相关，和声音的刺激强度也正相关。打鸣的作用主要是宣誓领域，好比标记自己的领土。

对于周围可能会发出的一些声响，公鸡也非常敏感。有些声响可能是其他的鸡发出的，也有可能来自潜在的攻击对手，或者是人类。在这种情况下，只要觉得这个声音可能有威胁，它就会用打鸣这种方式回应或者还击。

打鸣还有一个功能——争夺次序。比如在享用食物时，鸡群里可能会有一些等级观念，以打鸣的方式来表示先后顺序。

此外，公鸡打鸣和鸡的雄激素也有关系。阉鸡、母鸡由于没有雄激素，因此不会打鸣。

鹦鹉学舌是怎么一回事？

大家可能都见过鹦鹉的表演，机灵的样子很惹人喜爱。鹦鹉明明是一种鸟，它怎么会使用人类的语言，甚至将音色模仿得惟妙惟肖呢？

答疑解惑

专家档案
薄顺奇　上海市野生动植物保护管理站

鹦鹉不仅拥有漂亮的羽毛，还有聪明的头脑，能和人说话，是人见人爱的鸟类动物。不论是在电视中还是现实生活中，我们经常看到鹦鹉学说人话，那么鹦鹉学舌的秘密在哪里呢？

鹦鹉是少有的几种可以模仿语言等的特殊鸟类。鹦鹉发出声音，实际上是其在群体中进行沟通的一种方式。鹦鹉学人说话其实是一种鸟类的效鸣行为，即仿效鸣声。在同种鸟之间互相交流时，需要依靠鸣唱声来吸引配偶，通过效鸣来增强自身强势，吸引异性。由于鹦鹉可以发出较之其他鸟类更低频的声音，因此也更接近于人的声音，显得特别逼真。

鹦鹉学舌，并非都是悦耳动听的，关键在于所模仿的对象。在学习一些婉转悠扬的鸟叫声时，声音就可能比较好听；如果模仿的是杂七杂八的吵闹声，鹦鹉也会发出难听的叫声。此外，大部分鹦鹉学习声音并不知其意，只是当成声音进行简单的模仿，但少数鹦鹉可以懂得简单人语的具体含义。

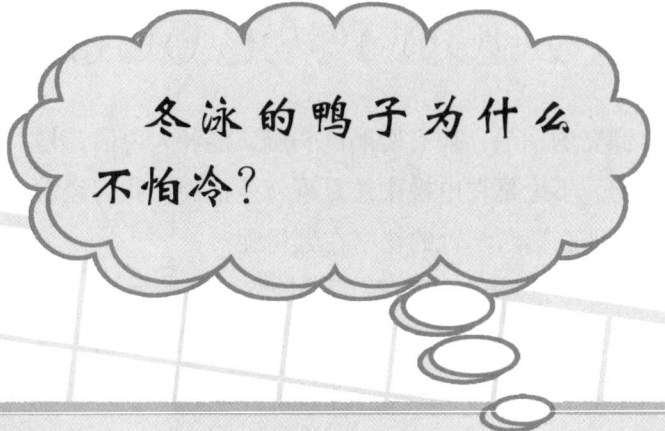

冬泳的鸭子为什么不怕冷?

即使是在寒冬,鸭子似乎也不畏严寒,依旧能在冰冷的河水中优哉游哉地游泳过冬。它们真的不怕冷吗?

答疑解惑

专家档案
何 鑫 上海自然博物馆自然史研究中心

家鸭、野鸭都属于鸟纲雁形目，俗称雁鸭类。在冬季，经常可以看到鸭子们泡在水里，哪怕周围的水已然结冰。它们到底为什么不怕冷？

冬季最畅销的莫过于羽绒服，它的来源就是鸭绒、鹅绒，专业名称叫绒羽。鸟的羽毛有正羽和绒羽之分，而绒羽就是鸟类贴近皮肤的、根部的细小的羽绒，具有保温功能。将绒羽打散了制作成衣服，穿在身上会觉得很暖和；同样，身上带有排列整齐的绒羽的鸭子，又怎么会怕冷呢？

雁鸭冬天也待在水里，还有一个重要的原因：它们的主要食物在水下，比如有些鸭子喜欢吃水草，有些喜欢吃螺或者鱼，因此在水中寻找食物也是一种乐趣。

鸭子的脚暴露在外，如果去触摸一下，会发现它们的脚很冷。在进行血液循环时，鸭子是从脚上方、腿部的下面进行热量交换的，脚部始终保持在一个相对较低的温度，这样冰冷的血液就不会流回身体，相对来说能够让身体感觉更加暖和，这也是鸭子能够适应相对寒冷气候的一个关键因素。

从另外一个角度考虑，冬季迁徙到我国的野鸭们往往来自西伯利亚、阿拉斯加等环北极地区，那里气候十分寒冷。它们来到中国，哪怕是在中国最寒冷的东北部，温度相对于冬季的环北极地区，对野鸭而言也已经很温暖了。

为什么猫发怒时会"炸毛"?

当猫弓起身子,竖起耳朵,露出牙齿准备攻击的时候,毛发根根竖立。这个时候谁要是上去摸一下,准得挨上一爪子。这种"炸毛"现象背后的原因是什么呢?

答疑解惑

专家档案
何　鑫　上海自然博物馆自然史研究中心

　　家猫是一种可爱的小动物，也是非常适合家养的宠物。在和猫相处的过程中，不难发现，若是受到惊吓，猫的毛发会突然之间竖起来，猫也会紧张地跳开，这其实是一种本能的应激反应。如果在这个时候不熟悉的人上去摸一下它的毛，很有可能会被抓伤。

　　猫和人类一样，属于哺乳动物。哺乳动物在面对紧张的环境或者产生紧张情绪时，经常会毛发竖立。一方面是自我保护，这样可能使自己看起来更庞大、更威武，起到吓退对手或者吓退捕食者的作用；另一方面是因被吓到而产生紧张的情绪，不由自主地把毛竖起来。人体也有竖毛肌，在皮肤上表现为出现鸡皮疙瘩。

　　在其他动物身上也会出现类似情况。比如带有羽毛的鸟类以及带有褶皱的蜥蜴，它们在遇到危险时可能也会产生竖毛现象。张开羽毛，张开皮囊，这些都是动物的一种应激反应。如果你看到一只像圆球形状的猫头鹰，看起来虽然很可爱，其实表明它正处在一个应激状态。应激在一定范围内会产生正面效果，但如果应激反应过度也会导致死亡。因此，在生活中不要过度地去刺激动物，使其"怒发冲冠"。

为什么猫的脚印看起来像一条直线？

在秀场，模特步俗称猫步，走起路来姿态优雅，赏心悦目。如果你细心观察，会发现猫在走路时留下的脚印基本上也是一条直线，这是什么缘由呢？

答疑解惑

专家档案
何　鑫　上海自然博物馆自然史研究中心

猫科动物以家猫为代表，是典型的食肉类捕食动物，也是哺乳动物中演化至今最成功的捕食者的代表。在大多数情况下，猫在野外生存是需要独自去捕猎的。通常情况下，小型猫科动物采取的是潜伏式的捕猎，即隐藏在一个相对隐蔽的环境中，再逐渐去靠近猎物。这种情况下，捕食在很大程度上需要保持安静。慢慢靠近，前脚踩后脚，这样的走路方式能够降低声音，也减少了被猎物发现的概率。久而久之，许多猫科动物在演化中选择以这样的方式靠近猎物、捕食猎物。因此，在人类看来觉得猫是在走一条直线，其实它只是用一个安静的姿势去靠近目标而已。

但是，一些大型的猫科动物可能不能很明显地走出类似的直线。以群居生活的非洲狮为代表，在很多情况下它们的捕猎行为是，冲在前面的几只非洲狮是以潜伏的方式慢慢靠近猎物的，捕猎的姿势可能是直线式的猫步；而使用围捕策略集聚在四周的非洲狮，在捕猎时则迅速冲上，这个时候它们走的肯定就不是直线了。

小狗刚出生时为什么是聋的？

刚出生的小狗特别可爱，小小一团。但为什么眼睛紧闭、趴着一动不动呢？既看不见也听不见，手脚也不灵便，能存活吗？

答疑解惑

专家档案
何 鑫 上海自然博物馆自然史研究中心

小狗崽在刚出生的时候确实是看不见也听不见的，视觉、听觉的功能要在一两周之后才能发挥作用，再过几周之后才能完全发育成熟。这是因为在很多动物身上，尤其是一些较高层次的动物，生育方式或者幼崽的成长方式不同，属于典型的晚成型动物。

很多动物生存在野外，时时刻刻面临着危险，在进化演化的过程中，必须培养应对危险的策略。狗是食肉类的动物，对于成年的食肉类动物，在野外相对来说遇到的危险并不太多，作为捕食者，它们处于食物链的顶端。但对于幼崽而言其实是有一定的危险的，会有可能被其他的食肉动物或者不同群的同类动物所捕食。因此，生下来后如果不会动、不会叫，安静地趴在窝里，就不容易引起捕食者的注意，从而可增加存活概率。

另外，晚成型的幼崽刚出生时没有敏锐的视觉和听觉，这在食肉动物的演化过程中，对于母体也是一种优势。未发育完全的幼崽个体更小，便于母亲产出体外，也在无形中增加了母亲的存活概率。在很多鸟类身上，晚成型的幼崽特征也特别明显。很多小鸟刚出生时也是眼睛紧闭，只会张着嘴，身上连羽毛都没有。

与此对应，还有一种早成型的幼崽的生活方式，尤其明显地表现在食草动物身上。在大草原上，刚出生的羚羊、角马等，很快就能站立甚至奔跑，视觉、听觉已经发育得很完整了。这是因为，它们一出生就时刻面临着被捕食的危险，越早能够站立奔跑，就越能避免被捕食者捕食，从而提高存活率。

鸽子为什么会送信？

鸽子善于认路，现代有各种信鸽大赛，古代也有飞鸽传书和鸿雁传书的做法。鸽子为什么在飞到很远的地方后还能识途回家呢？它究竟是怎样来认路的？

答疑解惑

专家档案
薄顺奇　上海市野生动植物保护管理站

鸟类具有很强的定向能力，可以通过感知外界环境中的特定条件，来判断往哪个方向飞。通过欧亚鸲的夜间磁场实验，发现鸟类能够根据地球磁场的极性来进行定向。随着磁场方向的改变，飞行方向也随之改变。比如，紫翅椋鸟可以通过太阳定向。虽然太阳在一天中的角度会发生变化，但鸟可以通过体内的生物钟来调节，补偿太阳光方向的变化。在夜间，靛蓝彩鹀可以通过星辰的位置定向。当然，这只是它们飞行参考的标准之一。

候鸟在迁徙途中，会依靠显著的地面标志物进行定向，熟悉路标的鸟可以帮助鸟群提高迁徙效率。此外，还有听觉和嗅觉定位假说。就信鸽而言，科学家通过磁场定向实验，证明了信鸽也有磁场定向的能力。在信鸽头上加装可以改变方向的小磁场，结果发现，信鸽在晴天仍能正常定向，但在阴天则发生了定向错误。这就说明太阳定向在晴天是信鸽的首选定向机制，而到阴天太阳定向不能起作用的时候，磁场定向作为候补机制起了作用。在这些定向机制的保证下，信鸽具备了超强的归巢能力。

鸟类的定位系统既有先天遗传，也有后天的学习完善，各种机制相互作用，但细节仍有待科学家深入研究。

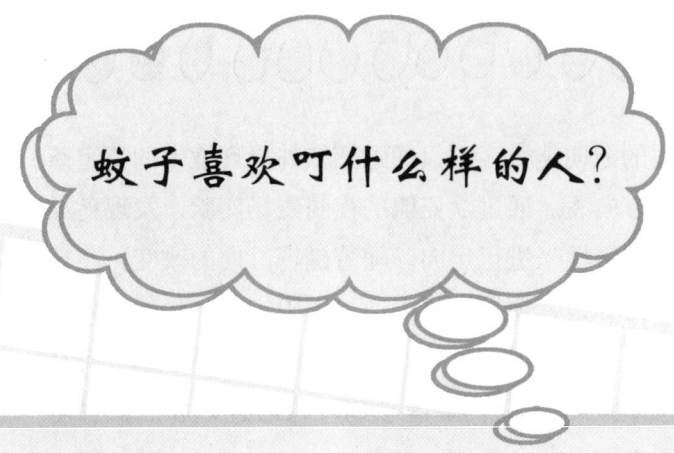

蚊子喜欢叮什么样的人？

天气渐渐热起来了，恼人的蚊子也渐渐多了起来，这些嗡嗡叫的蚊子赶也赶不走。在上海常见的蚊子有哪几种呢？什么类型的人更受蚊子欢迎呢？

答疑解惑

专家档案

黄麒通　上海植物园科普培训讲师

蚊子是双翅目下的一类昆虫，目前已知的种类有数千种。当然并不是所有的蚊子都会吸血，我们的眼中钉主要是库蚊、按蚊和伊蚊三大家族。库蚊是"随风潜入夜，叮人细无声"的主要案犯，俗称家蚊，喜欢在夜间作案；按蚊体型比库蚊稍大，它们更喜欢牛、马、羊等大型动物，常年徘徊在野外；伊蚊通常体型不大，但攻击力和攻击欲望却是最强的。上海最常见的蚊子是白纹伊蚊，身上带有明显的黑白花纹，俗称花蚊子。飞行能力极强，在狂风中依然可以准确降落在人的手指尖上。二十四小时无休，战斗力超群，因此也被叫做亚洲虎蚊。

红肿、痛痒、过敏，这些还只是被蚊子叮咬后的浅表症状。更恐怖的是，蚊子还会携带和传播病菌，如疟疾、乙脑、丝虫病等具有很强的致死致残性的疾病，每年死于蚊子传播的疾病的人高达近百万。

那么，哪些类型的人更招蚊子呢？关于血型说，目前没有任何研究数据显示蚊子对某种血型有独特的偏好。但如果你体温较高，夏天又容易出汗，新陈代谢快，在蚊子眼中就是"美味佳肴"。此外，蚊子的食欲还和温度有关。当气温在30℃～35℃时，蚊子表现出明显的攻击性；当气温低于24℃或超过35℃时，蚊子则食欲不振。因此夏天在空调房中，随着温度的下降、排汗量的降低，被蚊子叮咬的概率也减少了很多。

目前没有任何一种天然植物被证明具有明显的驱蚊效果，驱蚊草、精油、维生素、糖水，驱蚊效果都是微乎其微，化学药剂依然是我们对付蚊子的主要手段。家庭灭蚊的主力是蚊香，液体的、固体的，国产的、进口的，主要成分都是除虫菊酯，效果好、毒性低。早年间常用的烯丙菊酯、炔丙菊酯，对新生代蚊子基本已经丧失效力了。现在的驱蚊产品主要成分是四氟甲醚菊酯、氯氟醚菊酯。在此需要提醒的是，不要盲目迷信进口产品，国产蚊子还是要用国产蚊香"对症下药"。

院士公益报时

▲934公益报时，报时上海公益。我是中国科学院院士、上海交通大学常务副校长丁奎岭。失败，对于我来说，是家常便饭，但它并不意味着徒劳无功，而是别有价值，从失败中会有惊喜和意外发现。一个人，无论从事什么职业，都要有信心和坚持，从无数失败中磨炼自己坚持不懈的毅力。手拉手，做公益。

苍蝇到底有没有嗅觉?

天气渐渐炎热,在夏天,令人讨厌的除了蚊子,还有便是苍蝇。苍蝇喜欢气味浓重的地方,喜欢有臭味和腥味的东西,这是为什么呢?苍蝇到底有没有嗅觉?

答疑解惑

专家档案
黄麒通 上海植物园科普培训讲师

苍蝇是双翅目蝇科动物，是人类重点研究和监测的一大类群。苍蝇虽然不咬人，却让人躲之不及。

苍蝇没有鼻子，但这并不代表它没有嗅觉。昆虫的触角可以搜集空气中的化学信号，实现人类鼻子的功能，甚至更加敏锐。虽然苍蝇的触角非常短，看上去就是两根小毛，但上面却分布着数千个化学感受器，帮助它们在大千世界中锁定臭臭的目标。

为什么苍蝇喜欢臭味呢？虽然我们闻起来很臭，但在苍蝇的世界里，这种味道很有诱惑力。研究发现，苍蝇喝糖水同样可以生存，但因为没有蛋白质、氨基酸的摄入，生殖系统无法成熟，从而无法进行繁殖。因此，苍蝇对蛋白质、氨、氮的追求非常执着，而这些物质在高温下容易快速腐败，就会飘散出一股腥臭味。

苍蝇的嘴也很特殊，被称为舐吸式口器。又能舔，又能吸，苍蝇进食的动静可不小。因为只能吃流食，一些干燥的食物往往是不受苍蝇待见的，比如说饼干；而本身就富含水分，并已经被微生物分解了一部分的腐败的东西则是苍蝇的最爱。

食物在苍蝇体内停留的时间非常短暂，大约只有10秒。因此，食物中的有害物质、微生物还未来得及对苍蝇的身体造成危害，就已经被排出体外了。联想一下此景，一边进食一边排泄，这个"逐臭明星"真是名不虚传啊！

扇贝真的会自己跑吗?

2018年2月,扇贝失联大戏再度上演。上市公司獐子岛发布的公告披露了关于底播虾夷扇贝2017年年终的盘点情况,合计影响净利润高达6.3亿元。令人百思不解的是,扇贝又没长腿,是怎么上演大逃亡的戏码的?它们真的会自己跑吗?

答疑解惑

专家档案

陈舜胜　上海海洋大学食品学院水产品加工及贮藏工程系主任

扇贝的迁移性比较强，游泳游得比较快，有时一天能游300多米。它还有"跳远"的本领，原地可以蹦1~2米的距离。这是因为扇贝的闭壳肌特别发达，因形状如同柱子，又叫贝柱。在张合过程中，扇贝通过喷水来掌握方向，实现移动，看起来就像在游泳。蛏子有两个闭壳肌，但是扇贝退化了，只有一个闭壳肌。

现在中国养殖的扇贝大部分是虾夷扇贝，它们最早来自日本北海道一带，名字也是源于以前北海道的一个名叫虾夷族的少数民族，后来虽然改名阿伊努人，但虾夷扇贝的名字却流传了下来。虾夷扇贝外形美、个头大，且肌肉发达、肉质紧实，味道鲜美、弹性十足。

贝柱是圆柱形的，常见的高2~3厘米，直径4~5厘米，放在锅子中煎煮，就像一个小圆饼，很是可爱。将新鲜的贝柱干燥过后得到的就是干贝，即扇贝的闭壳肌。市场上常见的干贝直径只有1~2厘米，但也有新鲜的贝柱直径15厘米以上的珍品。

三文鱼也有中国亲戚?

我们常吃的三文鱼来自大西洋,它还有一个名字——鲑鱼。那中国有没有三文鱼的亲戚?它又是哪种鱼呢?

答疑解惑

专家档案
陈舜胜 上海海洋大学食品学院水产品加工及贮藏工程系主任

三文鱼的学名是大西洋鲑，属于鲑的一种。鲑是个大类，一般有十个属。生物学上用界、门、纲、目、科、属、种加以分类，68种鲑科鱼类算是一个大科。大马哈鱼是中国的鲑科鱼类，也是太平洋鲑的一种，与大西洋鲑是亲缘品种。大西洋鲑的分布从北欧到北美，北欧尤以挪威一带比较有名。大西洋鲑就是中国人所说的三文鱼，在欧洲主要指品质较好的大西洋鲑。20世纪90年代，大批量进入中国市场。

英文中salmon的熟知度很广，但不能将之与三文鱼对等，实际上salmon在不同国家与地区含义有所不同，泛指太平洋鲑、大西洋鲑等。大西洋鲑主要是一个品种，太平洋鲑有多个种别。为了捍卫大西洋鲑的"正统"地位，人们给它加了一个定语叫挪威三文鱼，这也是大西洋鲑的俗称。

从字面上理解，salmon是指向上。河口鱼类根据生殖洄游方式分为两类，一类是降河鱼类，一类是溯河鱼类。河鳗主要生活在淡水，产卵在海水，从江河到海是顺流而下，属降河性鱼类；三文鱼、刀鱼海中长大，产卵在淡水，由海至江溯流而上，是溯河性鱼类。

你听过长颈鹿的叫声吗?

我们在动物园中看到的长颈鹿,脖子都是长长的,而且很安静。为什么长颈鹿的脖子这么长?它会不会发出叫声呢?

答疑解惑

专家档案

何 鑫　上海自然博物馆自然史研究中心

长颈鹿是非洲的明星物种之一，按照最新的分类学，长颈鹿分成了不同的物种，如网纹长颈鹿、马赛长颈鹿等。虽然大多数情况下我们仍然把它们统称为长颈鹿，看起来都长得差不多，但若仔细观察，会发现长颈鹿身体上的花纹不太一样，头顶上角的结构也有细微的差别。整个非洲是一片广阔的大陆，在不同地方生活的动物虽然看起来相似，但种群已经在地质历史中相隔了一定的时间，从新的生物分类的角度，就要区别对待了。

长颈鹿是"高个哨兵"，很多食草动物经常生活在一片草原或者是一片树林中，在这种生存环境下这些动物形成了典型的食草动物的群落。虽然每个物种吃的草和树叶可能位置、方式不同，但是它们有共同的敌人——食肉动物。比如猎豹，可能突然从远处冲过来；非洲狮采取的是集群捕猎；另外一类大型猫科动物豹则会隐藏在某些地方，突然猛扑过来。面对这种潜在危险，食草动物需要有不同的分工。长颈鹿的脖子长，头的位置比较高，视野更广更远，能够最先发现危险，所以当起了"高个哨兵"的角色。长颈鹿发现危险后首先逃跑，其他食草动物就会跟着跑开，它们之间存在着互利互惠的关系。

那么长颈鹿到底会不会发出声音呢？其实长颈鹿并不是无声忍者，它是会发声的，并且交流时会有不同的声音，十分复杂。之所以觉得长颈鹿很安静、没有声音，一个重要的原因是因为它发出的声音不在人类耳朵的声波范围之内，所以没有办法听到。就像海豚的声音，频率不太一样。

> 猎豹和豹是同一种动物吗？

　　猎豹和豹，虽然都有一个豹字，但是一个是短跑冠军，另一个却跑不了那么快。这是为什么呢？

答疑解惑

专家档案
何　鑫　上海自然博物馆自然史研究中心

中文中有"豹"，是因为中国本身就有"豹"这个物种。非洲的豹和中国的豹是同一个物种，有时在中文中被称为金钱豹。但是非洲还有另外一种动物长得很像豹，它的英文名字却完全不一样，那就是猎豹。中文命名时都用了"豹"，是因为它们长得有点像，但从亲缘关系上讲，它们只是近亲。猎豹是短跑冠军，它的主要捕食方式是短距离奔跑、捕杀；而豹无论在非洲还是在中国或者亚欧大陆的其他地方，主要是以伏击的方式捕食。因此，这两种动物只是身上的毛皮长得有点相似，捕猎技巧和生活方式都有很大的差别。

猎豹虽擅长短跑，却不能保持同样的速度长跑。它的身体结构、高度是适应于短跑的，特别是腿部，小腿比较长，每一步都可以迈得很大，整个身体成流线型。由于身形消瘦，每一步都能够快速地让整个身体张开得很大。在高速运动的情况下，动物身体的体温会上升，如果猎豹奔跑的时间超过一定的时限，体温上升得太高，就不能快速奔跑了。

每种动物的体型和生存方式都是相互适应的，捕猎方式也与身体结构相适应。大自然赋予了猎豹短跑捕猎的方式，而豹虽然短跑能力不强，但是隐蔽性、爆发力特别强，这是豹的生存方式，也是自然的不同选择。

大猩猩为什么要捶打胸口？

我们知道，大猩猩有一个非常经典的动作，就是捶打自己的胸口。这个动作代表什么含义呢？

答疑解惑

专家档案
蒋国卫　上海动物园大猩猩馆饲养员

大猩猩有一个非常经典的动作，捶打胸口。在动物园里，大家会看到大猩猩用两只手拍着胸腔来回转悠；野生的大猩猩也时常有这样的举动。这个动作究竟有何深意呢？

大猩猩有很强的首领意识，它们会通过发出声响的方式来恐吓对手。大猩猩经常会捶打自己的胸口，这是它们的标志性示威动作，以此来向对手显示自己的强大力量。相较于野外生存的大猩猩，动物园里的大猩猩是比较温顺的，一般不会对着游客拍胸脯，来宣示"这里是我的地盘"。理由很简单，大猩猩没有感受到侵略。如果游客看到大猩猩捶胸，也不要去模仿，这种行为可能被视作在挑战大猩猩，将其惹怒。

大猩猩与人类有很多相像的地方，比如人会呼叫，它们也会发出低吼声。据统计，大猩猩可以发出超过20种明显不同的声音，每种叫声都有特殊的含义，也有包含愤怒的叫声。此外，大猩猩还会很多肢体语言，比如眼神交流，因此不能长时间与它们对视，这个动作带有侵略性。

动物为什么不用刷牙？

人类每天早晚都需要刷牙，动物既没有牙膏牙刷，也没有牙线、牙签，它们是怎样保持口腔清洁卫生的呢？

答疑解惑

专家档案

何 鑫　上海自然博物馆自然史研究中心

这个问题必须建立在是否有"刷牙"这个必要性上。人类需要刷牙，因为不刷牙可能会产生龋齿现象。在动物界里，则需要区别对待。比如说鸟类，它们嘴里并没有什么牙齿，当然就不需要"刷牙"。

在有牙齿的动物中如大型爬行动物、陆地脊椎动物鳄类，以及很多具有明显的牙齿的哺乳动物，它们需要"刷牙"吗？这就要从食性角度去考虑。食肉动物，包括爬行动物中各种各样的鳄类，哺乳动物中食肉的猛兽，它们的牙齿大多数是比较尖利的。从动物的牙齿分化的角度来考虑，尖利的牙齿便于撕扯，可以轻松将肉撕下并吞咽到肚子里。这些动物牙齿之间的距离比较宽，排列得不太紧密，并不容易残留食物残渣。此外，很多动物也有自己的"刷牙"妙招，比如一些小型鸟类会去鳄类的嘴里啄食食物残渣，这就是自然界的神奇之处。

很多食草的哺乳动物嘴里也有牙齿，它们会产生龋齿吗？我们可以想象一下，食草动物的食物来源是植物，植物的主要成分是纤维素，纤维素需要在体内经历漫长的消化过程，不容易滋生细菌或产生其他物质，所以可能并不会对动物的牙齿造成严重的损害。不过，食草动物牙齿面临的主要问题其实是咀嚼食物时造成的牙齿磨损问题。

人类有龋齿其实并不完全是由于细菌造成的，很多时候跟饮食习惯有关。人类属于灵长类动物，是杂食性动物，但现代人类所获得的很多食物中含有过多的糖分，更容易产生化学反应，造成龋齿，因此餐后刷牙或用牙线清理牙齿，的确是一个保持口腔清洁卫生的好习惯。

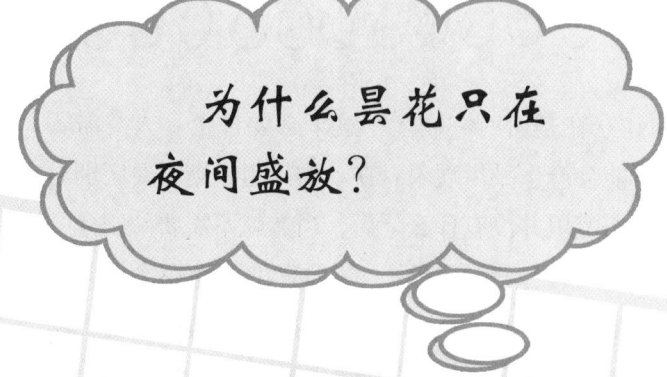

为什么昙花只在夜间盛放？

昙花一现是我们熟悉的成语。为什么昙花只在夜间盛放，且盛放的时间又那么短暂？为什么有些铁树需要花上十年的时间才能迎来开花呢？

答疑解惑

专家档案

郝　旺　上海辰山植物园科普工程师

昙花盛放一晚上就凋谢，这跟它所处的环境息息相关。昙花是仙人掌科植物，生长环境和条件比较严酷。之所以选择在晚上开花，实际上是利用夜间的长时间段，开出一个很大而且气味十分浓郁的花朵，以此来吸引夜间生活的昆虫帮它进行传粉。到了白天，强烈的日晒会使花朵快速凋谢，而且这个时候也没有很多的昆虫来传粉，因此，在长期的演化过程当中，昙花演化出了只在晚上开花的功能，节约了能量，同时提高了传粉效率。

植物和人类一样，也会选择最利于自身的、最经济的方式生长。实际上这就是演化的力量，不适应这个环境的生物只能面对逐渐被淘汰的命运。而植物一些新的特征必定是适应这个环境的，昙花就是这样演化的结果。

铁树中文正名叫苏铁，它和松树、柏树一样，是一种裸子植物，所以它开出来的花其实并不算是真正的花，而是孢子叶球，只不过起到了和花相同的繁殖作用，所以为简单起见，把它称为"花"。铁树开花其实并不少见，只是在我国北方难以开花，这是因为我国北方气温比较低，苏铁的生长速度比较慢，要经过很长时间的营养累积才能够储存足够的物质和能量来开一次花，所以在北方地区，铁树开花是一个很少见的现象。但是到了我国江南地区甚至更偏南的地域，铁树几乎可以年年开花。这也体现了不同地区、不同气候条件对于植物开花的影响，可见植物和环境的关系也是相当复杂的。

为什么植物会散发不同的气味？

自然界中有很多花花草草，凑近一闻，它们的气味也各不相同。为什么不同的植物会散发出不同的气味？气味对于植物来说意味着什么？

答疑解惑

专家档案
郗　旺　上海辰山植物园科普工程师

花的不同的气味实际上体现了传粉方式的不同。闻起来比较芳香的花朵更多吸引的是追逐蜜腺的一些昆虫，比如蜜蜂、蝴蝶之类；而一些气味比较难闻的花，吸引的更多是一些食腐的昆虫，比如苍蝇或者甲虫。因此，不同的气味实际上反映了植物对不同昆虫传粉的适应。

还有一些植物开花之后闻上去没有什么气味，是因为这些植物更多的是依靠风来进行传粉的，比如小麦、水稻、玉米等。而樱花的气味非常淡，则是利用视觉色彩来吸引昆虫，因此并不需要用气味来吸引昆虫。由此可见，植物的传粉方式具有多样性，可以利用不同的感官、不同的策略来吸引昆虫，采用不同的传粉方式来达到繁衍后代的目的，这实际上也是演化的力量。

植物体内本身会合成多种不同的化学物质，叫做次生代谢产物，有些植物会在花或其他部分累积一些有毒的物质，这是植物对于外界环境的一种自卫性的反应。不同的化学物质对人体可能会有不同的影响，一旦没有掌握好药理药性，就会造成毒效，这需要通过科学手段来对这些药物中的成分进行鉴定，明确之后才能安全地使用。

海市蜃楼真的是幻象吗?

　　峨眉宝光、海市蜃楼都是大气光学现象,这些现象的产生离不开一系列复杂的气候条件,这些宝光异景是如何形成的呢?

答疑解惑

专家档案
邬 锐　上海气象局首席服务官

　　四川峨眉山宝光其实是典型的大气光学现象，它的形成有一系列复杂的机制。峨眉宝光和云雾大有关联，峨眉山海拔较高，约3 000米，而且山中树林茂密，流水潺潺，水气的来源非常充沛，空气潮湿，宝光就是在这样一个特殊的地理环境下才会产生。它是一个科学可以解释的现象。

　　圆环的形成和太阳的高度角有关。如果没有特定的高度角，只能看到一个截面。比如在地面上，我们看到的彩虹也是一条，而不是一个完整的圆形。如果太阳高度角较低，则较容易形成圆环。假设一下，高山之巅云雾缭绕，这个时候太阳反射的角度比较小，容易把背对着的人通过反射投影到天幕上。但是，投影只有在云雾缭绕的前提下才会发生，这就是云雾中的水滴对于阳光产生的散射、衍射等诸多复杂的光学现象，使得太阳与观测者联线的延长线为中心的附近产生一圈又一圈的彩色光环。据记载，这种现象在峨眉山其实并不罕见，平均每5天左右就有可能出现一次便于观赏"宝光"的天气条件，每年能达到70～80次。

　　在高层建筑物上，也会产生这样的现象。海市蜃楼是一种非常罕见的大气光学现象，辐射范围非常大，可以将远处的某个景物投影在很近的地方，特别像在沙漠、海洋以及一些平原地区。

　　海市蜃楼在发生的时候会对所折射的物体产生一些偏移。它是一种光学的幻景，原理是不同的空气层有不同的密度，而光在不同的密度中传播又有不同的折射率。这种景象有时只呈现上半截、下半截或者中间一段，而它折射的位置、空气层的水平厚度则决定了最终可以看到的一个范围或者呈现的质量。

　　航天员在太空旅行中看到过被放大的地球，这是因为地球处于暗背景当中，所以会显得比较大。大气层像一个凸透镜，有的时候放大，有的时候缩小，所以会看到地球有不同的变形。

院士公益报时

▲934公益报时,报时上海公益。我是中国科学院院士、复旦大学教授**金亚秋**。30多年来,我和我的团队不畏困难,勇于前行,使我国在国际空间微波遥感领域的基础研究和重大应用处于世界先进水平。"为中国的崛起立德、立功、立言",不仅是我们的座右铭,更是每个科研工作者的使命与责任。手拉手,做公益。

火山的威力究竟有多大？

阿贡火山位于印度尼西亚巴厘岛东部，海拔3 142米，为巴厘岛的最高峰，被当地人奉为圣山。它的上一次猛烈喷发发生在1963年，经过半个世纪的沉睡期，于2017年起再次活跃。2019年5月连续喷发3次，5月24日喷发时火山灰柱高达5 000米。火山喷发的威力究竟有多大，它会带来哪些灾害？火山灰对地球的气候又会有什么样的影响呢？

答疑解惑

专家档案

金性春　同济大学海洋与地球科学学院教授

大规模的火山喷发就是一次惊心动魄的核爆炸，它的威力足可以与几百颗投放于广岛的原子弹相比。比如印度尼西亚的坦博拉火山，在1815年的一次大爆发中，它喷出的巨量火山灰遮蔽了整个天空，使得当时正值中午时分的爪哇岛漆黑一片，整个坦博拉镇葬身于海底，它被认为是有史以来最猛烈的一次火山活动。

高温气体是造成人员大量伤亡的罪魁祸首。1902年4月，中美洲的马提尼克岛上的培雷火山喷出了一些火山灰和气体，喷出的火山灰温度高达几百摄氏度，大量有毒气体横扫大地，顷刻之间28 000名居民在2分钟之内几乎全部丧生，成为20世纪以来导致死亡人数最多的一次火山大劫难。火山喷发引发的火山碎屑流也相当可怕，火山喷出来大量的火山灰，遇到暴雨再加上合适的地形就会形成触目惊心的火山碎屑流，一些低矮的房屋顷刻间被掩埋。

火山喷出的火山灰不容小觑，大气当中的大量火山灰以及二氧化硫这些气体遮挡了太阳光，使太阳的辐射量有所下降，这与二氧化碳引起的温室效应恰好相反，有人称之为阳伞效应。

火山、地震这些灾害的预测预报，涉及灾害发生前的预兆，也就是所谓的先兆现象，网上流传大地震发生之前有鸡飞狗跳、蛇鼠出洞等生物异常的表现，天上出现异常的地震云等，但这些现象都不具有唯一性，一旦错报而造成恐慌，会带来巨大的损失。火山底下有岩浆聚集而成的岩浆房，火山的发生发展首先从岩浆的涌动上升开始。上升的岩浆使得岩浆房日益增大，进一步加剧成拱作用，最终岩浆突破上面的岩层喷出地表，这样整个过程长则一年多，短则只有几天，大部分有好几个月，这就给火山监测提供了充足的时间，在必要的时候能够发出预警。

　　一般来说，火山爆发预报的成功率要比地震预报高得多，当然也不是万无一失。比如南美哥伦比亚的加勒拉斯火山，1993年1月，火山学家正在火山现场开会讨论如何来改进火山预报的防范，结果这座火山在没有任何预兆的情况下突然爆发，夺走了6位火山学家的生命。巴厘岛的阿贡火山一直处在严密的监测之下，2017年9月，监测到地震活动增强的现象，并且发出了预警，到11月26日，大量的火山灰上冲到了6 000多米的高空，27日政府将警戒的级别提高到最高级别四级，并且要求10千米范围内的居民全部撤离，第二天阿贡火山果然发生了更大规模的爆发。但就喷发强度来看，阿贡火山还只能算是一种中等强度的喷发。

院士公益报时

▲934公益报时,报时上海公益。我是中国工程院院士、上海交通大学医学院教授**曾溢滔**。科学素质是我们国民素质的一部分,科学精神是我们国家精神的一部分。要多学点科学知识,多关注科学技术发展的动态,希望更多的人讲科学、爱科学、学科学、用科学。手拉手,做公益。

海洋之下会有新大陆吗？

海洋底下真的存在"第八大陆"吗？新西兰地质与核科学研究所发现，新西兰所在的西兰大陆其实是一块很大的陆地，但94%的部分都被南太平洋淹没了，只有新西兰及一些岛屿还浮在水面上。在海洋底下，会不会还有许多我们不知道的大陆存在呢？如何鉴别某一块海底是大陆地壳还是大洋地壳呢？

答疑解惑

专家档案
金性春　同济大学海洋与地球科学学院教授

什么是大洋地壳？最直观的标志就是水深的指标，只要水深达到4 000米以上，基本上就可以肯定它是大洋地壳，因为大陆不会下沉到4 000米的水深处。之所以大陆明显比洋底高，就在于质轻而且会浮起来。而我们说的淹没在海水之下的西兰大陆，实际上是一大片海底高地，海洋地质学家称之为洋底高原。

所有的大洋地壳都诞生于大洋裂谷，这里是板块的分裂边界。地幔玄武岩浆沿着裂口上升，冷却凝结成为新的洋壳，原先已经形成的洋壳向两侧扩张开移。所以洋壳的组成颜色比较单一，主要是玄武岩成分，而且老的洋壳不断沿着大洋边缘的海沟俯冲返回到地球的内部。在大洋的边缘五六千米深的洋底向下弯曲俯冲，就形成了七八千米乃至上万米深的海沟。

大洋边缘之所以有很深的海沟，正是大洋板块在那里俯冲下弯返回地球内部的结果。由于大洋地壳一边在形成一边在消亡，不断更新，所以年龄比较年轻，不超过2亿年，而最老的大陆地壳的年龄可以达到40亿年。

大陆地壳一旦形成，质轻而浮起，不可能像大洋板块那样俯冲向前返回地球内部。大陆随着板块在地球表面飘来飘去，成为地球上永不沉没的诺亚方舟，大陆地壳不仅年代悠久古老，组成颜色也复杂多样。

海陆之间的相互转化，可能是海平面升降的结果，也可能由地球运动所造成。水动和地动两种因素交织在一起，导致沧海桑田的变化，演化出诸如亚特兰蒂斯大陆消失、西兰大陆沉没之类惊心动魄的事件。

第二篇

天空上的为什么

天空问问问

为什么飞机飞过会留下一道白线？

在晴朗的天气下，我们经常能看到头顶上的飞机机身后会出现一条或者数条长长的白线，看起来像是尾巴一样。它是如何形成的呢？

答疑解惑

专家档案

张军平　春秋航空股份有限公司维修工程部工程师

在天气条件较好的时候，飞机在高空中飞行，机身后会出现一条或数条长长的"白烟"，人们习惯称之为"飞机拉烟"。其实这并不是飞机在"喷烟"，航空飞行界和航空气象学上称之为飞机尾迹。它还有一个非常好听的名字——飞机线。

飞机尾迹可以分成废气尾迹、空气动力尾迹和对流性尾迹。废气尾迹又可分为废气凝结尾迹和废气蒸发尾迹，人们最常见的就是废气凝结尾迹。它是由于飞机飞行时消耗了大量的燃料，产生的水汽和部分热量随废气排出飞机体外，进入大气层，并与周围环境空气迅速混合而形成的。

凝结尾迹的形成是需要一定的条件的，只有当环境温度相当低（通常在零下40℃以下）时，才有可能出现飞机凝结尾迹。我们看到有的飞机飞过留下了尾迹，有的则没有，主要原因是飞机飞行的高度不同以及所处的环境温度不同。

在航空作战中，飞机尾迹的出现容易暴露飞机的航迹和位置。因此，为了避免暴露目标，就必须弄清飞机尾迹出现的高度层，选择脱离飞机尾迹的飞行高度，才能达到隐蔽保护作用。

飞机的舷窗为什么要做成椭圆形？

大家乘坐飞机的时候往往喜欢选择靠窗的位置，透过窗户欣赏湛蓝的天空以及城市的美景。那么你有没有注意到，飞机上的这些窗户不是呈方方正正的四边形，而是椭圆形的，这是为什么呢？

答疑解惑

专家档案

张军平　春秋航空股份有限公司维修工程部工程师

　　早期的民航客机出现过一些方形的窗户，当时飞机飞行的高度比较低，对机身的强度要求也没有那么高。随着大型民航客机飞行高度的增加、旅客对舒适性要求的提高，在设计机身的时候，必须考虑建立一个强度更高、更为密闭的空间。机舱内的高压会作用在舷窗上。研究发现，多边形（包括方形）的窗户结构稳定性较差，在拐角处会承受更多压力，最终因为金属的疲劳导致结构出现问题。物理学上有一个概念叫应力集中，即在一些有角度的区域会形成很高的载荷，载荷集中、承受不住而出现裂纹，造成不安全因素。

　　将飞机的窗户设计成近似于圆形，由于圆形在各个方向上的结构相同，这种压力将被平均分散，极少出现从某一点发生崩溃的情况，以消除窗框周围的应力。另外一方面，从维修的角度考虑，窗户一般都是设计为可更换的，这样窗户周围的窗框则需要承担更多的载荷。

　　在日常生活中应力集中现象也随处可见。比如方便面的包装袋，在撕口的地方有一个小的角度，便于撕开。设想一下，如果把这个小角设计成圆弧形的，那撕扯时就不太方便了。

神秘的黑匣子都记录了什么？

如果飞机出现问题或者失事，大家的第一反应就是寻找到黑匣子来分析数据。黑匣子真的就是一个黑色的匣子吗？为什么它不怕火、不怕水，能在飞机失事前将技术参数和声音有效记录呢？

答疑解惑

专家档案

夏　京　南方航空上海分公司飞机维修厂技术管理室主任

对于飞机的黑匣子，很多人都有所耳闻。那它是不是就是黑色的呢？其实，黑匣子的外表是鲜艳的橘红色。它之所以叫黑匣子，是因为最初确实是黑色的。在驾驶舱安装声音记录器的构想是1954年提出的，当时飞机内所有的电子仪器都是放置在大小统一的黑色方格中，而声音记录器放在最坚固的黑色方格中。美国民航局在1957年规定，凡是重量超过9.09吨的飞机，都必须装设这些加强保护的飞行记录器。1963年，美国民航局决定将这些黑匣子的外表漆成亮红色或橘红色。因为这些颜色在大部分的环境中都特别引人注目，一旦飞机失事，外表醒目的黑匣子比较容易被人发现。到了1965年，几乎全世界的航空公司都改用橘红色的飞行记录器，但仍沿用黑匣子这个名称。

除了少部分的黑匣子是真正的方形以外，大部分都是球形的，因为球形可以最大限度地降低爆炸对黑匣子的影响。为了承受飞机坠毁时的猛烈撞击和高温烈焰，黑匣子的外壳具有厚实的钢板以及多层绝热防冲击保护材料，能够在1 100℃的火焰中承受30分钟的烧烤，能够承受2吨重的物体挤压5分钟，能够在汽油、机油、酒精、电池、酸液、海水中浸泡几个月……总之，它能在许多恶劣的环境下安然无恙。

目前飞机上安装的黑匣子有两种，一种是称为飞行记录器的FDR，专门记录飞行中的各种数据，如飞行的时间、速度、高度，飞行多面的偏角，发动机的转速，排气温度等，可以累积记录25小时。另一种是称为飞行员语音记录器的CVR，就像录音机一样，通过安装在驾驶舱以及座舱的麦克上，记录下驾驶舱的声音，能够维持录音30分钟，超过30分钟就会重新记录。分布在飞机上的传感器将数据传到FDR，当双方启动之后，这些数据被记录下来。磁带记录器可以记录100多个参数，而电子记录器由于传输数据快，可以记录超过700个参数，每一个FDR记录的附加参数都可以为调查专员提供更多的线索。

院士公益报时

▲934公益报时,报时上海公益。我是中国工程院院士、上海市科学技术协会主席**陈赛娟**。国际医学界已经开始将人类基因组研究的重点转向基因功能和转化医学研究,我国在这方面刚起步,只要执着、脚踏实地,我们一定会得到回报和成功。手拉手,做公益。

飞机上的排泄物去哪儿了?

"来也冲冲,去也冲冲。"在飞机上上完厕所后,排泄物都去哪儿了呢?是去拥抱蓝天和白云了吗?

答疑解惑

专家档案

张军平　春秋航空股份有限公司维修工程部工程师

　　在乘坐飞机长途旅行的过程中，大家难免会有一些生理需求，你们会不会好奇，飞机上的排泄物都去了哪里呢？目前，民航客机都是以回收的方式处理排泄物，而不会在飞行中将之排到机外，造成环境的污染。以常见的空客A320机型为例，飞机厂家在设计时就根据载客的情况，设计了容量为170升的污水箱，以满足实际需求。

　　在空中，机舱内部和机舱外部是有压力差的，利用压力差，能对污水箱起到抽真空的作用。因此，飞机上的马桶是真空马桶，污水包括大小便都抽到机身下面的污水箱中。这样一方面噪声较小，另外一方面也比较清洁。如果你比较细心，会留意到飞机上的手纸是不允许直接丢进马桶的，这样设计的目的就是为了民航客机能在高空中高速运行。污水箱的管路上安装有过滤网，等到飞机到达一个目的地降落后，地面勤务人员会快速将这些污物拖走，以便飞机尽快投入到下一个航班。

为什么彩虹总是弯弯的？

很多人都见过彩虹，那一道七色圆弧倒挂在空中，甚是美丽。它还有一个非常好听的名字——彩虹桥。那么你知道彩虹为什么是弯的吗？

答疑解惑

专家档案
王　嫒　上海中心气象台气象主播

夏日午后,太阳位于西方,暴雨过后,空气中还留有大量的小水滴。天空中经常会升起一道美丽的彩虹,像一条七色的拱桥悬挂在空中。

实际上,彩虹是虚幻的影像,并不是真实存在的物体,它是气象中的一种光学现象。当太阳光线照射到空气中的雨滴时,光线发生折射,在雨滴内形成反射,再折射而出,不同波长的可见光由于折射率的不同而发生了色散,就形成了人们看见的七色彩虹。

雨后见彩虹,必须满足阳光和雨滴之间形成一个特定的角度,并且投射入眼睛的是与平行入射光线成40°~42°的光束集合体。所有符合条件的光线在同一个同心圆上,想象一个巨大的圆规,以人的眼睛为顶点,一角平行于阳光,另一角则以45°左右的夹角在天空中画出一个圆,彩虹光线就在这个圆上。因此,彩虹不但像拱桥一样是弯弯的,实际上也是一个圆环。由于地平线的遮挡,我们大多数时候看到的彩虹是半弧形的;如果你足够幸运的话,在身处高山或者高空飞行时,可以看到彩虹和你一起腾空而起,呈现一个完美的七彩圆圈。

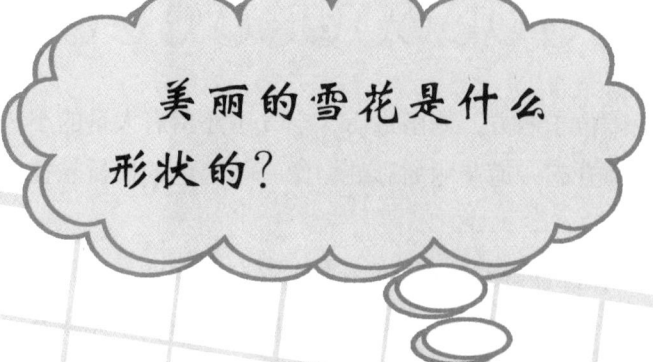

美丽的雪花是什么形状的?

皑皑白雪,轻薄又晶莹,圣洁又美丽。在冬天的体育赛事中,运动员们在冰场上翩翩起舞,在滑雪场里竞速前行,仿佛置身于美丽的冰雪世界,令人万分向往。这些冰雪是天然的、真实的吗?

答疑解惑

专家档案
邹　锐　上海气象局首席服务官

　　一般来说，在冬奥会或者冬天的体育赛事中，往往会混合使用天然雪和人造雪。随着全球气候变暖，原来的一些滑雪胜地现在也很难纯粹依靠天然雪了。在电影、电视中看到的"雪景"，有些是化学物质，有些是泡沫塑料。现代新型的造雪机已经可以造出接近于天然雪的小颗粒片状雪花。

　　雪是水在固态的一种形式。只有在很冷的温度及温带气旋的影响下才会出现下雪现象，亚热带地区和热带地区下雪的概率比较微小。从气象的角度来说，天然的雪形成机制非常复杂，而不是下雨过后结冰了就能形成的。水分子形成的水蒸气在一个特殊的环境下才会产生下雪的美妙自然现象，大家可以观看采用高速显微镜拍摄的有关雪形成的照片。

　　严格意义上来说，六角形的雪片才是最标准的雪，也最难形成。很多时候天空中会飘下一颗颗小小的冰粒，落在手上一看，是圆形的，称之为"霰"。这也是冬天常见的天气现象，但这种降水现象和下雪还是有区别的。

> 看不见的风是如何形成的？

和煦的春风、暖暖的夏风、瑟瑟的秋风、刺骨的寒风，我们几乎每天都在和风打交道，那么风究竟从何而来？

答疑解惑

专家档案
王　媛　上海中心气象台气象主播

地球上最大的水体是海洋，太阳照射的角度随着季节有规律地变化，因此在全球范围内，会按季节产生有规律的大范围的风，我们称之为季风。归根结底，风是由空气流动引起的一种自然现象，它是由太阳辐射热引起的。

气象学上说的风通常是指空气的水平运动。空气之所以会产生流动，除了地球的自转，最主要的原因就是地球表面所接受的太阳辐射能量不同，导致近地面的空气受热不均匀，近地面的暖空气膨胀上升，抬升的暖空气遇冷又会下沉，地面的气压随之发生了变化，不同压力的空气之间形成了气压梯度力，空气就由高气压区流向低气压区。这就如同流水从高处流向低处一样，而风就是看不见的空气水流。

风的形成有四个步骤：冷热不均、垂直运动、气压差异、水平运动。风包括方向和大小，即风向和风速。风向是指风的来向，即气流的来向；风速是指空气在单位时间内流动的水平距离。我们平时在天气预报中听到的如"东北风4～5级"等说法，指的就是"蒲福风级"，这是英国人蒲福于1805年根据风对地面（或海面）物体影响程度而定出的风力等级。

天上的云为什么千姿百态？

天上每一朵云的形状都是不规则的，在气象学家的眼中，云的变化有规律可循吗？

答疑解惑

专家档案
邬 锐 上海市气象局首席服务官

云和雾其实是一样东西，云在地上就是雾，雾在天上就是云。云是一个千变万化的现象，但是它也有一些规律，对于指示天气起着非常重要的作用。

云可以分为10组29类，主要有3组：高云、中云、低云。它们的区别主要是高度不一样，低云相对于天气的指示作用时间比较短，但是到了中云和高云，时间幅度就大一些，往往可能预测一段时间内天气的趋势。

如果从科学的角度来解释，七彩祥云是低云和中云两种云形成的，特别是在太阳高度角比较低的时候，红色的波长特别容易被云反射或折射，于是就形成了七彩祥云这样一个漂亮的景象。

乘飞机时有时会感觉颠簸得很厉害，这是因为云给我们制造了一些麻烦。飞机主要在平流层飞行，而天气现象主要发生的对流层在平流层的下面，对流层的层顶并不均匀，有时候天气现象特别剧烈，就会冲破对流层顶，对平流层产生影响。

> 我们可以像雷神那样操纵雷电吗?

电影《复仇者联盟》中,雷神可以控制雷电。现实生活中,我们是否也能控制雷电呢?

答疑解惑

专家档案
戴建华　上海市气象局首席预报员

随着科技的发展，我们经常会思考，人类是否可以干预自然？其实，在气象领域已经开展了大量人工影响天气的研究与业务工作，如人工降（增）雨、人工消雹、人工消雾等。但是，人类还不能操纵雷电，只能在一定程度上干预雷电活动。对于雷电活动的干预，也主要在一些科学实验中开展的，其中比较出名的就是人工引雷。

人工引雷已有几十年的历史，其目的主要是研究闪电过程的特征、形成机制等，为开展雷电预警和雷电防御奠定基础，提高人类对雷电的防灾减灾能力。人工引雷一般指在适合雷电发生的天气条件下，通过发射拖带金属丝的火箭进入雷暴云体内而引发雷电现象的过程。在火箭携带的金属丝向上行进的过程中，闪电先导过程不断发展形成雷电，雷电会沿着这个导线到达地面，使得可能沿着"随机"路径发生的自然雷电被人工可控地按照导线引导到地面上，从而获得在较近距离内研究雷电活动的机会，这就是我们所说的"人工引雷"。

另外，人工引发雷电对局部雷暴电场和云物理过程有一定的影响，这使得人工引雷有可能成为人工影响天气的一个可能手段。当然，这种对雷电的干预范围通常比较小，往往不能影响到较大范围的云体结构和闪电活动。

在人工影响天气（降雨、消雹等）的过程中，气象工作者也尝试在雷电的形成过程中加入一些干预，间接影响雷电的形成。软雹（霰）和冰晶等水成物上电荷分离过程是关键，通过人为播撒干冰，可以提前将过冷水转换成冰晶，影响软雹的形成，从而在一定程度上人为干预，影响雷电的形成。

夏天看见的星星真的比冬天多吗？

很多人觉得，夏天看见的星星比冬天多，难道是因为夏天星星离我们更近吗？这种说法科学吗？

答疑解惑

专家档案

施 韡 上海市天文学会副秘书长

实际上，人们在夏天和冬天所看到的星星是完全不一样的。我们通常把星空分为春、夏、秋、冬四季，春、秋季夜间（21时～24时天顶位置）看不到银河，冬季有银河，但相对黯淡些，夏季的银河壮观而美丽，如果地处干旱、光污染较少的地方，银河看起来会非常清晰，会有一种"众星围绕"的感觉，从这个角度说，夏天的星星确实比冬天多。另一方面，夏季空气污染相对较少，东部沿海地区还能享受到从海面上吹来的干净的海风，空气更清澈，连天上的星星看起来也仿佛亮了很多。

从亮星的数量上来衡量，冬天的亮星反而更多。夏季大名鼎鼎的亮星有浪漫的牛郎、织女星，它们分属天鹰座和天琴座，与天鹅座的天津四组成显眼的"夏季大三角"。冬天是一年四季中亮星最多的季节。最引人注目的是高悬于南方天空的猎户座，其他知名的还有金牛座、双子座等，全天最亮的天狼星领衔7颗亮星闪耀全天。因此，只要你不怕冷，欣赏壮丽的冬季星空不失为一件美事。

天上的星座是如何命名的？

天上的星星可以组成很多个星座。这些星座都是怎样命名的呢？为什么要将星星划分成不同的星座？

答疑解惑

专家档案
左文文　中国科学院上海天文台科学传播工作室副研究员

在城市中，夜间抬头仰望天空，你也许能看到天上些许亮星，但却未见漫天繁星，这是因为来自地面的光污染影响了天文观测。如果前往光污染不严重的地方，一夜间最多能肉眼看到3 000多颗恒星。

在光污染不严重的古代，古人能看到很多星星。为了方便观测天上的恒星，以及在航海时利用星空辨别方位，古人便运用想象力将散布在天上的星星连成一个形状，这些形状就称为星座。由于地域不同，连接的方式和命名也有所不同。

中国古代将围绕北极的天空分成三个区域，称为三垣，分别是太微垣、紫微垣和天市垣，认为天上也有一个类似于地面人间的系统，这三垣就对应了皇帝办公的地方、皇帝休息的地方和老百姓集市的地方。他们又将黄道带区域的星空均分成四个区域，即四象——青龙、白虎、朱雀和玄武，每象中细分成七个区域，合称二十八星宿。这便是"三垣二十八宿"星座命名。而西方的星座命名多取自古希腊神话的人物或器具名称等。

1930年，国际天文学联合会为了统一繁杂的星座划分，基于不重复、两个星座之间没有空隙、各自独立三个原则，用精确的边界把天空划分为88个正式星座，使得多数恒星属于某一特定星座。因此，现在的星座指某一块天区，而不是几颗恒星连接呈现构成的图形。

人的肉眼所能看到的星座数目和细节取决于观测者的位置和观测时间。地球是个球体，受视野所限，我们难以看到地平线以下的天体。对于地球南北两极的观测者来说，永远只能看到一半天球（指一个以地球球心为球心，无限长为半径的假想球面）。而对于其他纬度的观测者来说，由于地球自转会不断变换着天球上的星图，这意味着在一夜之间，身处北纬或南纬60度地区的观测者，在某些时间最多能看到全天星图的3/4，而赤道上的观测者，有时候可以看遍天球上的所有星图。

需要指出的是，看到一半星图，并不意味着能看到一半的星座，因为星座并非均匀分布。88个星座中，36个处于北天半球，剩余的52个位于南天半球。所谓北天半球和南天半球，指由天赤道将天球划分成的两个区域，天赤道是指地球赤道平面与天球相截所形成的大圆。

在如今的天文学研究中，星座有什么用呢？天文学家主要研究的天体都位于星空中，星座可以用于粗略定位某一天体的位置，比如银河系中心的黑洞位于人马座方向，星系NGC772位于白羊座方向，通过这样简单的陈述能够快速告知天体的位置。

院士公益报时

▲934公益报时,报时上海公益。我是中国科学院院士、中国科学院上海药物研究所研究员陈凯先。推动上海公民科学素质建设,是聚焦上海科创中心建设的应有之义。近年来,市科协积极发动社会各方面力量,搭建各类科普活动平台,举办了上海市"全国科普日"活动、科普进地铁等一系列品牌活动,社会影响力不断提升。手拉手,做公益。

星际移民，是时候了吗？

太空移民，会是一种怎样的体验？需要克服哪些困难、面临哪些挑战？我们真的有机会与外星人说"hello"吗？

答疑解惑

专家档案

汤海明　上海市天文学会秘书长

通常认为，外星人最有可能生存的是类地行星并且是在宜居带里的类地行星上，距离地球非常遥远，这个空间距离给我们去"拜访外星人"造成了很大的障碍。从宇宙诞生到现在已经有一百多亿年的时间了，而人类文明只有近万年的历史，因此，人类与外星人同时在一起握手的机会是非常小的。

太空的空间尺度超乎我们的想象。以现在最快的载人宇宙飞船来看，飞到距离地球最近的恒星比邻星，可能至少要几万年，还只是单程。人类在没有发现新的技术之前，几乎永远不可能抵达。我们从月球上发出信号再回来，需要一秒多的时间；如果在火星，那么可能延时十几或者二十几分钟。

如果是太阳系以外，那就更难了。比邻星距离地球4光年多，这是什么概念？打个比方，从地球发出的信号要4年多以后才能传至比邻星，返回又是4年，一来一回就是8年，这个延时是非常可怕的。

虽然前路艰辛，但是人类仍在探索的路上不断摸索、前进。有了第一步，才有可能走出第二步。接下来，我们需要对目标进行深入研究和筛选，看看哪里可能最适合迁徙。太阳的生命周期是有限的，未来，人类肯定需要寻找新的居住星球。

太空也有加油站和快递小哥吗？

随着空间技术的发展，未来有一天，我们或许可以到天上生活。可是，空间站里的物资如何进行补给呢？燃料没有了又要如何"加油"呢？

答疑解惑

专家档案
陶建中　上海宇航系统工程研究所技术顾问

天上和地面补给有着很大的区别。地面加油是在地面有重力、有大气压的条件下进行的，而太空加油是在真空环境中进行，一定要防止泄漏，因此加注口会有特别要求。

目前掌握在轨推进补加技术的国家并不多，能够实现在轨加注应用的更少，比如俄罗斯有补加技术，但如果要像欧洲的自动转移飞行器一样，拥有运送7吨重货物的技术，很多国家还没有这个能力。货运飞船既要能够运货，也要能够进行加注，加注的手段是我们必须掌握的，因为将来在空间站建设时必须要输送燃料。

我们现在有天舟一号，能够运载货物上天。在太空里，航天员需要食物、水、空气等，这些都是必需品。需要放在一个密封的环境中，确保密封舱里保持一定的温度和压力，日后能安全地供人使用。而推进剂需要用8个储藏器来储存，并采取相应的防震及安全措施。

在完成所有的任务之后，天舟一号会主动离轨，然后在太空中自燃，不给太空留下任何垃圾。将来空间站有人活动以后，每天会产生很多垃圾，不能在天上乱扔，否则就会变成太空垃圾，必须运回地球后烧毁。未来，天舟一号可以凭借6.5吨的运能，把空间站每天产生的垃圾集中装到货运飞船上，完成送货任务后，把垃圾运回来，在进入大气层高热时烧毁。

但是加注和固体货物运送还不一样。当飞船和空间站对接上后，固体货物通过对接口的通道，可以在船站之间进行交换；而液体燃料则在对接口的周边有专门的液路对接管道进行燃料加注，与人货通道分开，以防止燃料对人货的污染。

北斗卫星是如何导航的？

我们每天都在用手机定位和导航，不同的导航系统之间有什么区别？北斗卫星又是如何进行导航的？

答疑解惑

专家档案
陈大吾　上海航天电子技术研究所副所长
孙建中　上海常点数据服务股份有限公司董事长

人类最早通过观察天体星座确定方向。中国人的祖先根据地磁场的指向规律发明了指南针，西方航海家在指南针的基础上发明了精度更高的导航罗盘，这是最早的导航方式。人们为方便度量，人为约定对地球进行了经纬度的划分，测绘人员在地球上建立基准测量点，对基准点进行标校确定基准经纬度坐标，从而建立了地理位置坐标和精准定位的概念。

在无线电技术发明后，人类可以根据两地通信信号的延迟计算出两者的距离，再根据三点定位的方法，即测量目标与三个已知坐标点距离的方式确定目标坐标位置，这是无线电定位的基本原理。

手机一般通过与通信基站交换数据，计算出手机与基站的距离，根据基站的位置坐标计算出自己的坐标，实现手机端的通信定位。卫星定位也是采用这种方式，等效于将定位基站移到了天上，通过装载在地面或手机上的卫星导航芯片接收卫星发出的导航信号，计算出手机与多颗卫星的距离，再通过位置方程解算出接收端在卫星导航星座内的坐标，将卫星导航星座的坐标与大地坐标进行转换，最终得到导航终端在地球上的坐标点，实现定位。

采用卫星定位时，接收机可以接收导航卫星发出的不同信息，选择不同的处理方法，结合地面辅助设备提供的其他信息，计算出不同需求精度的地理位置坐标。虽然在手机导航中，我们只看到一个小圆点，但这个信号代表着许多后台的科技含量，不仅需要依靠天上的卫星轨道保持很高的精度，卫星载荷的时钟精度要求也很高，还要地面有相对应的装备支持。是否需要地面的高精度信号修正，包括对信号通过大气层时产生折射、延时、衰减的影响等因素都需要考虑，同时终端计算能力、导航芯片的功耗等技术都必须紧跟时代发展步伐，其相互之间不同的关系就形成了不同的卫星导航技术。

第三代北斗卫星已经开始组网运行，在系统授时上会更加精准，在星和星之间能够形成相关的通讯链路。美国的GPS卫星可以在全球不同地区设置地面站进行实时的轨道修正，而我们目前只能在自己的国土上实施对卫星的控制，因此下一步需要努力的是，让天上的卫星能够自主地开展工作。

卫星越多，地面终端的精度会越高，但不会无限制地提高。受成本影响，星座卫星数量只要够用即可。为更好地提高精度、加强系统可靠性，采取了一些融合技术，可以把GPS信号、俄罗斯的格洛纳斯导航信号、欧洲的伽利略信号和我们的北斗信号融合在一个处理器中进行同步计算，信息源越多，精度和可靠性就会越高。

为了更好地推动卫星应用的发展，我国的科学家们也在采用各种各样的方法，将通信、导航、遥感卫星系统的数据进行互换和交联。另外，他们还在开发室内导航，通过无线电信息对室内相关的站点进行融合处理，提供高精度的导航和位置服务。马路上的灯杆、井盖也可以作为地球上的位置信息源，汇聚形成城市管理的大数据。

院士公益报时

▲934公益报时,报时上海公益。我是中国科学院院士、中国科学院上海生命科学研究院研究员赵国屏。科研的道路不好走,但是,当一件事很重要而没有人去做的时候,我能做我就必须去做;当然,这样的事一定是难做的,所以要锲而不舍地坚持做下去。手拉手,做公益。

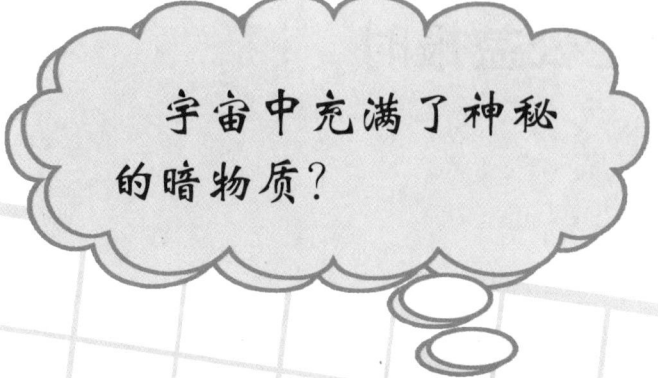

宇宙中充满了神秘的暗物质？

暗物质和暗能量被科学家们称为笼罩在21世纪物理学上的两朵乌云，它们到底有多神秘？什么是暗物质？它有什么特征？

答疑解惑

专家档案

袁　强　中国科学院紫金山天文台暗物质卫星科学团队成员

每当我们仰望星空的时候，除了能看到太阳、月亮、星星之外，整个宇宙感觉空空荡荡的。但这仅仅局限在用肉眼观察的层次，事实上，人们借助于一些更加强有力的设备，例如望远镜去观测，会看到一些超出肉眼所能够感受范围之外的一些东西。天文学家通过观测发现，宇宙实际上绝大部分是所谓的"黑暗"的成分，其中有约27%的暗物质，68%左右的暗能量，而人们能看到的那些发光的星星，所占比重仅仅只有5%。

天体的运动受到引力的影响，引力越强运动速度越快。科学家们根据人类所看到的那些发光的物质，可以将引力计算出来。但是研究发现，那些引力完全不足以让天体运动得那么快，因此必然有物质提供额外的引力。于是，科学家得到结论：宇宙中还有很多物质虽然人类没有办法观测到，但它们通过引力对天体和发光物质施加影响。换句话说，我们虽然看不见暗物质，但可以通过引力去"感受"其存在。根据科学家的测算，太阳系附近空间里平均来说1立方分米的体积里存在一个暗物质粒子，这是非常稀疏的一种状态。

根据已有的观测现象，首先需要推测一下暗物质是什么物体，然后再来制定具体的方案深入了解。通过天文观测，我们得到两个重要线索。一是和宇宙的结构有关，宇宙物质的分布在大尺度上是均匀的，但存在很多局域的结构，比如很多星系会形成星系团，星系团又会形成更大的超星系团。科学家可以从不同层次的结构去观察这些星系组成的星系团，查看其分布状况，不断地观察暗物质的演变及其特征，描绘出其属性，也就是所谓的"冷暗物质"属性。和冷暗物质相对应的是热暗物质，冷和热决定了暗物质所形成的结构。这与暗物质运动速度的快慢有关，冷暗物质说明的是宇宙由小到大增长的结构，反之，热暗物质就是由大到小碎裂的模式。

第二个重要线索和暗物质密度有关。宇宙起源于一次大爆炸，随着宇宙不断膨胀，密度和温度不断变低。早期宇宙非常致密，温度很高，因此频繁地发生着粒子-反粒子对的产生和湮灭，可以设想暗物质也在经历着同样的产生和湮灭的过程。当宇宙密度和温度降低到一定程度时，这个过程停止。而停止的时刻取决于暗物质的相互作用强度，同时也决定了能够遗留下多少的暗物质在宇宙中。因此根据测量得到的暗物质密度，发现暗物质的相互作用非常弱，恰好对应于弱相互作用的强度。这也可以解释为什么我们看不到暗物质。因此，暗物质很可能是一种弱相互作用的重粒子。

院士公益报时

▲934公益报时,报时上海公益。我是中国科学院院士、上海交通大学生命科学技术学院院长邓子新。上海青年人的科技创新能力表现突出,青年人是每个前辈科研工作者科研生命的延续,人,生而有涯,但科学的探索是无止境的。手拉手,做公益。

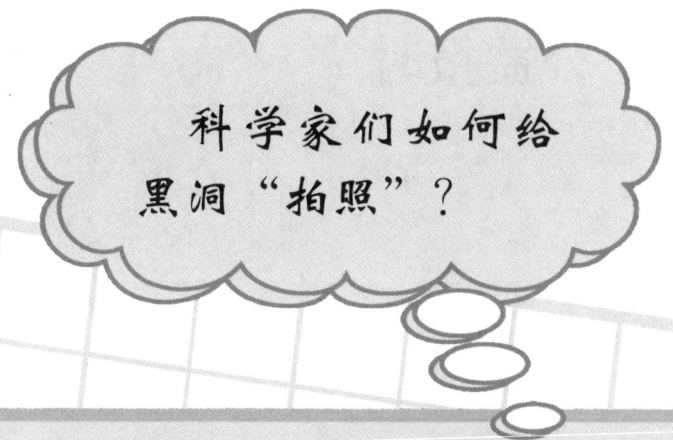

科学家们如何给黑洞"拍照"?

2019年4月10日,全球科学家揭示了首张黑洞照片。连光都透不出的黑洞,科学家是如何给它拍照的?

答疑解惑

专家档案

左文文　中国科学院上海天文台科学传播工作室副研究员

人的肉眼能够看见物体是因为有光子进入到眼睛中，而黑洞是指某一个时空区域，由于引力特别强，以至于光子都没有办法逃离，人类也就没有办法看见它，所以称为黑洞。那么，拍到黑洞照片，相当于看到黑洞，这是怎么一回事呢？首先要注意的是，看到黑洞并不等于看到了黑洞视界在哪儿或是看到了黑洞视界里面是什么样子，我们看到的只是黑洞视界之外的情形。

黑洞存在势力范围，对应的是其视界半径。在视界半径之内，连光子都没有办法逃离；在势力范围之外，可能还会受到引力的影响，但如果距离黑洞非常远，影响也就微乎其微了。

那么，科学家们是怎样给黑洞拍照的呢？拍照可以有各种各样不同的理解。一般给类星体即活跃的黑洞拍照，就和平时拍照片一样，可以测光去拍，称为测光观测。在光学波段，即肉眼可见的电磁波段去拍，很可能看到的就是一个光点，看起来就像恒星一样，所以称之为类星体；如果用X射线、∑射线拍类星体，可能会发现有两团像漏斗一样喷出去的喷流。

还有一类更精细的，像给黑洞做心电图一样，拍摄黑洞的光谱，这样可以更精细地看到黑洞周围的气体是如何运动的。根据理论上广义相对论的预言，在距离黑洞中心奇点2.5倍黑洞视界半径的区域，可以看到一个光环，里面显得比较暗，称为黑洞阴影。

此次黑洞照片的主角是一个62亿倍太阳质量的黑洞M87*，距离地球非常遥远，在5 500万光年之外，所以即使对于这么大的黑洞，它的阴影看起来也是很小的，相当于把量角器上的一度分成一亿份，它的大小大致相当于其中的一份。要想拍摄清楚，空间分辨率得足够高。如果在可见光波段去观测，实现此分辨率需要望远镜口径达六千米；如果采用毫米波观测，需要望远镜的口径达1万千米。

如此大的光学望远镜和射电望远镜单天线是不可能建造出来的。全球的天文学家们采用了甚长基线干涉测量技术（VLBI），使用名为视界望远镜来拍摄黑洞阴影。视界望远镜不是一个望远镜，而是由全球六地、八个射电望远镜或射电望远镜阵列组成的VLBI网络，实现的分辨率等效为一个口径为地球直径的望远镜的分辨率，从而成功拍摄到了M87*。

基本上，每个大质量星系的中心都有一个黑洞。此外，天文学家还发现，在近邻的宇宙中，即距离地球比较近的星系中，黑洞质量与黑洞所在的寄主星系的核球的质量有良好的线性关系。黑洞质量越大，星系中的核球质量也越大，速度弥散也越大。这说明黑洞和寄主星系之间可能存在着共同演化。那么是不是整个宇宙中的黑洞都具有这样的性质呢？继续研究，答案才会慢慢浮现。

活跃的黑洞很亮，足以让我们看到宇宙早期的黑洞，它们发出的光经过漫漫长路，穿越星际介质时会被吸收，并受到其他影响，在"心电图"中留下的痕迹能够帮助人类研究宇宙的物质分布和整体结构。如此说来，人类不仅认识了黑洞，还能通过研究黑洞探究整个宇宙的星系的分布和演化。

院士公益报时

▲934公益报时,报时上海公益。我是中国工程院院士、风云一号和三号卫星总设计师**孟执中**。与卫星打了30多年的交道,失败的教训比成功的经验更宝贵。我们不怕失败,但不忘记失败,团结队伍,保持良好的精神面貌,不忘航天精神,才能解决问题。手拉手,做公益。

第三篇

城市里的为什么

城市问问问

在加油站打电话会引起爆炸吗？

有没有人提醒过你，千万不要在加油站打电话？这是为什么？在加油站打电话真的会引起爆炸吗？

答疑解惑

专家档案
戈立新　上海市辐射环境监督站总工程师

加油站确实有禁止使用手机通话这条规定，经营易燃易爆品的加油站属于高危行业，"安全第一"是最基本的要求。但是加油站主要的风险是气体的挥发物，其在敞开的空间、常温常压下发生自燃的可能性几乎不存在，只有达到一定浓度后遇明火、高热才会燃烧、爆炸。

手机是电磁波发射装置，首先它本身的功率并不大。其次，虽然现在手机工作的频率越来越高，但是在这种状态下一般也不会产生火星。反观作为对比，在加油站并没有汽车一进来就必须熄火的规定，一般都是保持在发动状态，直到停到加油位置上才需要熄火；加完油后再点燃发动机启动，在启动的这一瞬间，蓄电池产生几百安培的大电流，点火装置所辐射出的电磁波强度远远大于手机。

在加油站应该严防的是静电问题。静电会产生火星，尤其是北方，在湿度比较低的干燥条件下，衣服容易积累电荷，并与别的物体接触后产生静电，进而可能产生火花。因此，加油站员工必须穿防静电服装上岗。

为什么高架桥下要种爬山虎？

爬山虎是随处可见的绿色植物。开车经过或者走在高架桥下，会发现有不少高架桥下爬满了爬山虎。它们是特意种在高架底下的吗？

答疑解惑

专家档案

黄麒通 上海植物园科普培训讲师

上海是一个现代化的大都市，拥有大量的立交桥、高架路，桥下绿化一直是上海绿化当中相当重要的组成部分。爬山虎作为其中一种桥下绿化植物，它是一种非常重要的材料，特别常用。

首先，爬山虎的生长速度特别快，易于快速成荫、遮阴纳凉。其次，爬山虎是一种攀缘植物。立交桥下的空间是相当有限的，尤其是垂直空间，表现为高度比较局促，无法在桥下种植一些大型的乔木（即大树）。因此，桥下绿化基本上只能考虑种植在地面上，这样就缺乏层次感。而爬山虎能够利用攀缘优势，攀附在墙壁或者桥墩之上，上下生长，富有层次感，体现出立体绿化的思维。第三，爬山虎的叶片相当大，一个叶片大的如成年人的一个手掌。通常来说，叶片越大，耐阴能力越好。立交桥的桥面有很强的挡光作用，桥下比较暗，而爬山虎、八角金盘、大吴风草这种大叶型的植物特别适合种植在光线较差的环境中。第四，爬山虎的抗逆能力特别强，能够抵抗高温、低温、暑湿以及干燥。上海夏天最热的时候气温接近甚至超过40℃，而冬天可能降到0℃以下，温差特别大，干湿也非常明显。爬山虎在这种环境下，也能快速生长。最后，从价格因素考虑，爬山虎的养护成本较低，这也是一大优势。因此，爬山虎是一种物美价廉的桥下以及墙面绿化材料。

万问万答 问出你的为什么1

地铁结束运营后，列车都去哪儿了？

完成了一天的工作后，地铁列车去哪儿了？它们有地方可以睡觉吗？

答疑解惑

专家档案

陈　朝　上海地铁维护保障有限公司车辆分公司副总经理

乘坐地铁出行，已然成为人们生活中必不可少的出行方式，也是低碳、环保理念的践行。地铁线上每天有这么多列车在运行，运营结束后，列车是停在车站还是去别的地方了呢？

正常情况下，列车到达终点站后，会折返往另一个方向运营。如果稍加留意，会看到列车有两个司机室，并且都可以驾驶。对于一辆列车来说，其实没有车头和车尾的概念，两个都是车头，两头都可以上行或者下行。当然，列车有时候也需要掉头，在停车场会有一些环形线路，比如上海地铁2号线的龙阳路基地。"掉头"需要通过环形线路来完成。

列车运营结束后，会通过出入库线回到停车库。这个"停车库"有两种意义：一种是停车库，另一种是车辆段。停车库就是单纯存放列车用的，检修人员会做一些日常的检测。车辆段是供大的检修用的，比如5年修、10年修。所以，一条地铁线路可以让地铁睡觉的家不止一个，而是有好几个大的车库。

"停车库"对许多乘客来说既陌生又神秘，它默默地守护着列车的返港，为列车提供检修、保养等服务，让列车以最好的状态迎接第二天的运营。

如何把长长的列车放进地铁站里？

地铁列车是一个庞然大物，你知道它是如何放入地下，藏到地铁站里的吗？

答疑解惑

专家档案

陈　朝　上海地铁维护保障有限公司车辆分公司副总经理

地铁列车造好之后，首先需要从别的地方运到基地。一般有两种方式：一种是公路运输，即一节一节车厢放在平板车上运过来，到了车辆基地后，通过大型起重设备把它吊到钢轨上；还有一种是铁路运输，在我国，大多数地铁的轨道规格和大铁路的轨道规格是一样的，即地铁的轴距和铁路是一致的，可以通过铁路直接运到目的地。你们在乘坐火车时有没有看到过地铁列车在火车轨道上行驶呢？

通过铁路运输方式到达基地的列车，不需要再动用起重机，铁路系统和地铁网络是有连接线的，也就是说，铁路网络中有一些岔道是和地铁轨道是连在一起的，叫做"联络线"。只要轨道匹配，列车可以在不同的轨道上行驶，无论是地铁轨道还是火车轨道。

在列车车体全部吊装完毕后，就可以在线路上进行连挂。经过静态、动态调试等作业完成后，地铁就能从车辆段直接驶入正线隧道内。一般每条地铁线路至少都有一个车辆段，提供地铁列车在运营结束后的检修、故障处理，同时也是停放列车的场地。

城市的地下会被挖空吗？

如今地铁线路四通八达，城市地下空间被高度利用。你会不会有这样的担忧，我们脚踩的地下会被挖空吗？地面会塌陷吗？

答疑解惑

专家档案

黄小平　上海申通地铁集团有限公司技术中心高级工程师

随着现代城市的快速发展，有限的地面空间越来越难以满足大家的需求，向地下要空间成为一种趋势。地下空间的规划也是城市发展的需要，地下空间也被称为人类的第二空间。

轨道交通建造前，通过结构设计确定地铁车站和区间隧道的结构型式、材料和相关参数等。结构设计时不仅考虑了可能承受的各类荷载，还会设定一定的安全系数，对整个结构进行设计。

轨道交通建设时，通常是把地下空间的土体开挖出来，然后构筑结构强度及刚度较大的混凝土结构。轨道交通车站结构通常采用明挖法施工，区间隧道采用盾构法施工。轨道交通的建设可以确保地铁自身的工程安全，对周边环境的影响也是可控的。后期运营时，也会采取一些保障措施。

待隧道建成后，还需要在里面铺电缆、电线等通讯设施，相当于做家庭装修。一般来说，电缆是一个6米多的圆型，电缆支架直接挂在旁边，从区间通到车站，再通到下一个区间，两者是连贯的，这样才能保证整个地铁里的讯号持续有效。

> 我们扔掉的垃圾会被如何处理？

2019年7月1日，《上海市生活垃圾管理条例》正式实施。生活垃圾被分为干垃圾、湿垃圾、可回收垃圾和有害垃圾四个类别。那么，我们为什么要将垃圾分类呢？分类的垃圾都去了哪里？

答疑解惑

专家档案

张 勇 华东师范大学生态与环境科学学院副教授

垃圾分类收集是一个系统工程。湿垃圾丢在桶里之后，每天会有湿垃圾运输车来运输，这辆车是密闭湿垃圾专用运输车。专用运输车把各个小区的湿垃圾收集好，运到垃圾中转站，再送到湿垃圾专门处理工厂。湿垃圾通过发酵、加热、搅拌等环节，最后变成肥料，这就是湿垃圾的出路。

干垃圾也是如此。每天会有干垃圾的专用运输车来运输，干垃圾收集好之后，会有一个压缩过程，即约15吨的干垃圾压缩在一个集装箱里。集装箱再装车后运送上船，一艘船约能承载24个集装箱，再航行8个小时后到达老港。分类好的干垃圾是不会被填埋的，干垃圾直接焚烧可以发更多的电。因此，可以直接进入老港的垃圾焚烧场，在经过搅拌处理后，进入焚烧炉。1吨干垃圾可以发约600度电，而不分类的混合垃圾大约能发400～450度电，因此垃圾分类更环保、更节能。

根据要求来进行垃圾分类，最终垃圾去了自己该去的地方，经过妥善的处理，不仅不会对环境造成影响，而且还会成为再生能源，发挥新的用途。

> 电影院里,哪个位子观影效果最佳?

每当热门电影上映或者节假日的时候,电影票可谓一票难求,有时候只能坐在第一排或者是边边角角的位置。这样的位置确实不太受欢迎,那么电影院中哪个位置是最好的呢?

答疑解惑

专家档案

莫弘之　上海大学美术学院建筑系硕士生导师

看电影无非考虑两个因素，一个是视觉上的影响，一个是听觉上的影响。首先，从视觉上说，去电影院看电影享受的就是超大超清晰的屏幕，尤其是MS级别的屏幕所达到的视觉效果，这在一般的家庭影院中很难实现。去电影院看电影，观众一般考虑的是哪个位置的视角比较好。对于像《星球大战》这种类型的电影，可以选择坐得稍靠前些，更有浸入式的效果；如果是一些文艺类的电影，可以选择靠后的位置，以便将整个画面的美感尽收眼底。

常规而言，90°～100°的视角比较适合观影，从前往后计算，中间到后排约2/3的位置是一个黄金水平距离。垂直视角上，一般不超过35°，但也要依据个人习惯。如果你喜欢坐得笔直，就靠后一些；有的人喜欢躺在座位上看，那就尽量往前一点。

还有一个是听觉上的问题。电影院的系统和家庭影院的系统不同，面积也大得多。我们在电影院中经常看到的THX标志，它是一种"产品认证"，是卢卡斯影片公司针对商业电影院制定的一种体系认证。要求每一家电影院的视听效果保持同样的水准，尤其是配音效果。相对于家庭影院系统中的"皇帝位"之说，电影院拥有一套多声道的系统，哪怕是坐在角落的观众也会感受到完整的环绕声效果。

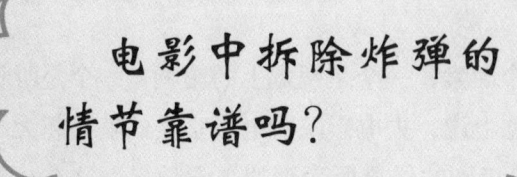

电影中拆除炸弹的情节靠谱吗？

在各种现代动作片、警匪片中，炸弹的出现无疑意味着一次危险的到来。几乎每次电影中的主角都能在恰当的时机，剪对正确的档线——红色或者是蓝色档线。随即将炸弹拆除，化险为夷。那么，炸弹真的是这样拆除的吗？

答疑解惑

专家档案
白孟宸　中国军事文化研究会网络研究中心研究员

炸弹拆除在军事上叫做EOD爆炸物处理，既包括排爆也包括排雷。最早的排爆组织出现在19世纪，英国在1875年出台了第一部现代化的爆炸物管理法，之后建立了世界上第一个排爆队。实际上EOD主要任务是：排除在战争期间遗留的各种爆炸物，尤其是未爆的炸弹和炮弹。我国的爆炸物处理工作延续至今，其中很大一部分是抗日战争期间留下的一系列炸弹甚至是毒气弹。

除了排除未爆的炸弹之外，还有排雷处理。从2006年开始，中国军人在黎巴嫩拆除了当地近万枚历次战争留下的地雷，创下了零伤亡、零事故的纪录，受到国际社会的一致好评。除了军用之外，EOD还负责拆除一些恐怖组织或者是犯罪组织藏匿的爆炸物。

剪线的情况是极为少见的。跟电影中的红线蓝线相比，真实的排爆要复杂危险得多。排爆队一般会在附近隔绝电话信号，或者隔绝其他的一些电子电路相关的信号，同时穿上排爆服，再进行近距离处理，并检查炸弹周边是否藏有隐线。而且，红蓝线炸弹已经是几十年前的事情了。在第二次世界大战期间，这种炸弹也被广泛运用在战场上。此后，无论是东方还是西方，炸弹的复杂程度都远超过了电影中的描述。

如今我们在电影中看到的红蓝线炸弹，是好莱坞的创造。在现代，大部分的炸弹虽然有定时或是遥控装置，但实际上已经很少采用简单的裸线设计，而是采用复杂的模拟甚至是数字电路，遥控的方式也很先进。除了通常的定时之外，可能还有其他的一些方式。

　　先进的炸弹一般都有防拆的设定。因此EOD在处理炸弹的时候尽量采用机器人远程对爆炸物进行摧毁的方法，而不是真人上阵。摧毁方式既有直接引爆，也有通过水枪，或者像包括液氮的在内的其他一些物质把爆炸物排除。

院士公益报时

▲934公益报时，报时上海公益。我是中国科学院院士、生物化学家与分子生物学家**王恩多**。大力发展经济，为兴国强国锻造筋骨，而加强科学普及、提升公民科学素质，则是为国家注入新鲜血液。教育从孩子抓起，科普从全民入手。手拉手，做公益。

清洁能源是怎么发电的？

我们知道，现在有水力发电、风力发电，那么，哪一种发电方式更好呢？如何才能生产出清洁的绿色能源？

答疑解惑

专家档案

罗棱 国网上海市电力公司电力科学研究院博士

风力发电不太好控制，人类还没有能力去轻松自如地控制风，因此为风力发电做了一套储能装置——大电池。在风力发电的过程中，电就地存到储能装置中，储能装置是可控的，电池也是可控的。

就上海地区而言，靠海的那一端风力稍强，靠陆地的另一边风力稍弱。风力发电虽然比较清洁，但仍存在其他环保问题，比如可能会伤害鸟类，有噪声。电要从很远的地方输送到上海，这一路中要架很多铁塔。如果走地下成本会非常高，线路的维护也非常不易。因此有专门的巡线工人，他们每天的工作就是沿着这根线走，检查线路有没有出故障。

人工排除故障，这是目前最直接的一种方法。此外，还可以使用无人机。比如在山区里，线可能要经过一座山，在森林里绕着走，这样人工排除故障就很艰难。给无人机设定一个线路，无人机沿着线路一边飞行一边拍摄，不仅能检查出线路有没有断，还可以发现其他问题，比如交界地方的绝缘子绝缘性是否良好。无人机转一圈回来后就能拿到数据，轻松便利。

在电力调度室中，要看各种不同的调度图，决定哪个开关开，哪个分。就好比将哪条河道的闸门放开，哪条河道的闸门关上，控制水怎么流。这个开或合对于居民不会产生任何的变化，而是决定这一片区的电力供应是否正常。如果某个片区突然负荷增高，出现故障，电没办法输送，就必须进行调度操作，把电从其他角度送过来。

这项操作不是完全通过电脑，还有很多环节需要通过人工完成，涉及多项安全操作，一定要严格按照安全规程来执行。正是电力工人在背后辛苦的工作，才保障了日常生活正常用电。

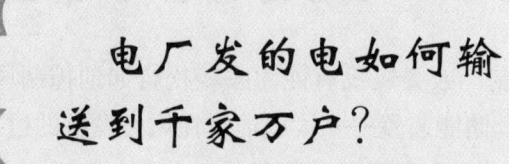

电厂发的电如何输送到千家万户？

我们的日常生活离不开电，那么电是怎样生产出来，又是如何输送到千家万户的？电离开电厂后进入变电站，又是如何变身的？

答疑解惑

专家档案

罗 桢 国网上海市电力公司电力科学研究院博士

电是电子静止或者运动中的电荷产生相互作用后产生的一种自然现象。实际上，电从电厂通过能源转换方式以后，经过比较大的输变电工程，通过不断的电压变化，从电厂一直输送到居民的家中。

谈到电压变化，就涉及一百多年前爱迪生和特斯拉的交直流之争。如果是直流输电，电是可以直接过来的，但是问题在于电厂的设置离居民区或者工厂用电的距离比较远，在输电的过程中会发生很多损耗。根据物理学的知识，电流越大，电线的损耗就越多；为了减少损耗，就得让输电的电流变小，一种方式就是提高电压。

正是基于这个原因，才需要建立很多变电站。从电厂出来以后，电直接通过升压变电站，将电压提得非常高，然后再经过一系列的输变电工程，输送到居民家中或者工厂，再把电压降到可以使用的电压等级范围，完成电力的传输。

近年来，国家大力支持能源建设工程。上海本地的火电厂容量非常高，西南地区有充足的水力发电，通过建好的特高压或者超高压的输变电工程传导，因此在上海哪怕是用电高峰期也不会缺电，也不太需要限制用电。尽管如此，有关部门还是做好了有需用电的防备措施，以防电网发生突发性故障后，在一些小的片区出现缺电问题。根据有序用电计划，会从部分企业开始限电，最后才会全面限电。

上海水力发电比较丰盛。水力发电与季节因素有关，有的时候枯水季发电相对较少。上海有几条直流输电，从四川、湖北包括三峡在内的一些大的水电,通过直流输电工程输送到上海来给居民使用。这些输变电工程都非常长,需要使用全球最顶尖的特高压技术,将电压拉得非常高,这样输电过程中的损耗就会比较少,到了上海后再进行降压处理,再进入上海电网,最终进入寻常百姓家。

第三篇　城市里的为什么

院士公益报时

▲934公益报时，报时上海公益。我是中国工程院院士、复旦大学分子医学重点实验室教授闻玉梅。疫苗研究的背后充满艰辛，研究人员不仅要"零距离"地接触病毒，还需要大量的试验和总结。能够为老百姓的健康需求服务，是这项工作最大的乐趣。手拉手，做公益。

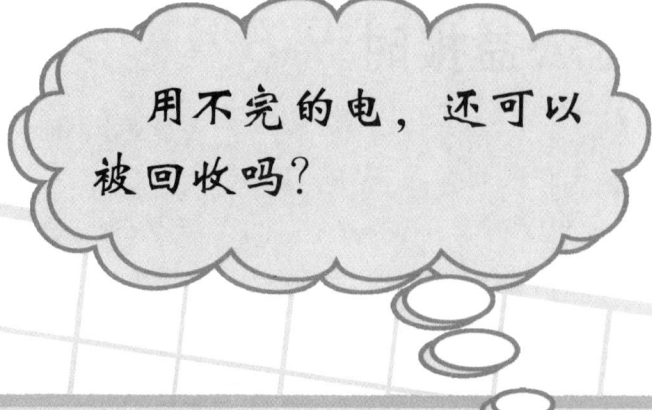

用不完的电,还可以被回收吗?

每天发电厂都会发出很多电,如果这些电用不完,是不是就浪费了?还可以回收再利用吗?

答疑解惑

专家档案

崔　勇　国网上海市电力公司电力科学研究院资深工程师

电能不能大量储存，所以我们通常要求发电和用电要平衡。那么，如何实现平衡呢？

通常来说，电力调度计划部门会对第二天的负荷进行预测，绘制出日变化曲线，考虑一定的备用量后，安排发电计划。如果实际负荷比预测负荷小，系统的频率就会上升，系统中会有专门负责调整的设备，让频率降下来；如果实际负荷大于预测负荷，系统频率降低，这时系统中负责调频的设备就会自动增加处理，使得频率升高，从而保持发电和用电的平衡。因此，在实际生活中，电厂是不会发出多余的电的，而是用多少发多少。

预测系统存在的意义除了经济性，更重要的是出于安全考虑——要保持电网的频率在50赫兹左右。因此，我们鼓励大家在低谷时多用电，在高峰时节电，以达到"消峰填谷"，让峰谷的差距尽量减小。不管对于电厂还是电网，这样做都有好处，因为电网最怕的就是突降和突升。

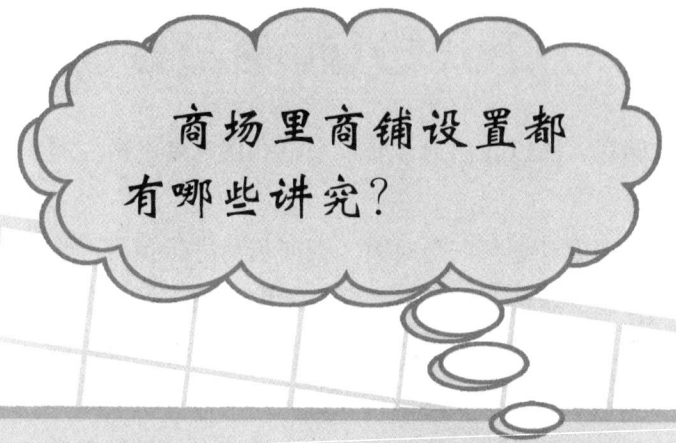

无论是哪个国家哪个地区的商场，无论商场大小，设置基本都差不多，比如一楼卖化妆品、奢侈品，地下楼层往往是美食小吃或者超市，而电影院、儿童乐园一类一般都在高层，这种不约而同的设计背后究竟有怎样的巧妙构思呢？

答疑解惑

专家档案
刘昊明　国家二级心理咨询师

　　逛商场已经成为老百姓休闲娱乐的一种方式，大家在逛商场的时候可能会觉得每一个商场的商铺布局都是千篇一律的。其实，商铺的布局大有讲究。商场一般都是沿街的，一楼是客流量最大的楼层，曝光度最大，租金的价格最高。化妆品、奢侈品的利润高、需求弹性大，因而有能力承受这块"黄金宝地"的高价租金。高大上的装修、琳琅满目的商品、芬芳的香气，让人身心愉悦，不知不觉中就增加了消费欲望。

　　通常而言，女性的购买欲望强于男性。因此，商场的二楼一般是女装，而男装、童装这些只能依次往楼上排，越往上客流量越少。在高楼层，也会设置一些电玩类、餐饮类、电影院等商铺，这些往往都是需求性购物。比如我们看电影，通常都是提前买好票，专门到这家电影院去看，而不会像买衣服那样东逛逛西瞧瞧。当然，还有一个客观因素，电影院对层高也有要求，商场顶层比较合适。餐饮放在高楼层跟排烟要求有关，而一些面包甜点、快餐类商铺，往往设在地下一层或二层，租金也相对低廉。

　　还有一点，商场中的直达电梯隐藏得很深，总是安排在一些犄角旮旯的地方，特别难找，这也是一处小心机。让消费者尽量乘坐自动扶梯，一层一层地往上逛，刺激消费的冲动。而且自动扶梯通常都是平行或是X形交错设置，迫使消费者兜上大半个圈子才能上楼、下楼，从而增加看一看、停一停、买一买的概率。

为什么住宅楼很少有总高19层？

现在的住宅楼总楼层大多数是6层、11层、18层或者32层，很难见到只有12层或者是19层的住宅。这是什么原因呢？

答疑解惑

专家档案

莫弘之　上海大学美术学院建筑系硕士生导师

上海地处平原，住宅楼的层高设计主要基于消防的考虑。不同层高的建筑，需要满足不同的消防规范。

先从最低的楼层开始说，老小区一般都是6层楼，不设置电梯，只有楼梯供人行走。楼梯只能到达6层，这是住宅建筑规定。再高的就是11层，即小高层，它对于消防的定义是要有一个楼梯、一个电梯，但没有要求是防火楼梯间、防火电梯间。虽然对于一般人而言爬11楼有难度，但是一旦出现情况，消防员还是可以轻松抵达最高层的。

根据建筑规范规定，60米又是一个台阶，正好是18层，需要两个楼梯间、两个电梯间。两个楼梯间必须是防火楼梯间，电梯间则不需要防火。这是因为一旦发生火灾，人员不能乘坐电梯，只能通过楼梯往下走，所以不需要防火电梯间。消防员在肩负所有装备的情况下，一般可以爬到15层，也有能到达17层、18层的高手。因此，若是18层的房子发生火灾，消防员可以通过爬楼梯的方式前来救援。

对于超过18层的住宅楼，消防规范非常复杂。离地面太高，云梯车装备也无法靠近，容易造成群死群伤。这个时候需要通过建筑内部来救援，因此，18层以上的住宅楼需要配备两个防火楼梯间、两个以上的电梯间、一个消防电梯间。在发生火灾时，能够确保消防电梯正常运作。

如何将一栋建筑进行平移?

由于修复或者其他原因,城市里的建筑有时需要平移,比如上海音乐厅。如何将一栋建筑进行平移呢?在平移前,建筑学家要给建筑物进行哪些体检呢?

答疑解惑

专家档案

蓝戊己　同济大学建筑物移位技术研究中心副主任

要把一栋建筑物移到另外一个地方去，托盘是最重要的。形象地说，把老旧的建筑物比喻成一块豆腐，如果底下放个盘子托住，那么移和推就可以安全操作了。

建筑物的托盘一般是用钢筋混凝土制成的，盘子的大小、厚度与房子的形状与重量有关。房屋在平移时，只要保证盘子维持水平、不扭曲、不断裂，上面的建筑物自然就是安全的。玉佛寺大雄宝殿平移时，底下的盘子就有接近1米的厚度。

一般来说，每栋房子的地基至少有一两米深，做托盘时，先把基础范围内的土挖开，以便清楚地看到纵的墙柱，在这个范围内做一个托盘。这个托盘要能承受房屋的全部重量，并且在平移过程中保证托盘上的房屋不被损坏。

托盘做好后，会采用滚杠、滑块等装置将房屋支撑起来，这些滚杠、滑块下面预先制作了轨道。这样，把房屋原有的墙柱切断后，托盘上房屋的重量就会由这些滚杠或滑块来支撑，这个工艺叫托换。托换完成后，用千斤顶等推动房屋，房屋就会沿轨道移到新址。

平移前，要对房屋进行安全检测，包括材料强度、结构损坏程度、沉降倾斜量、地基情况、地质情况等。并出具房屋安全检测报告，供平移设计时参考。

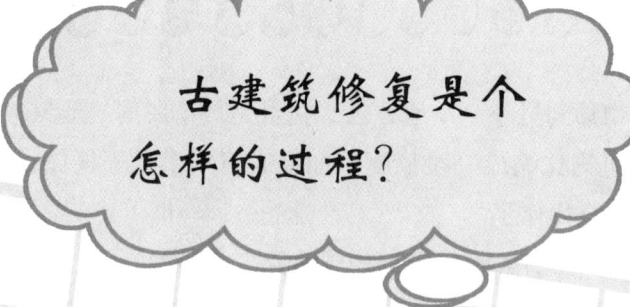

古建筑修复是个怎样的过程？

2019年4月15日，位于法国巴黎市中心，有着800多年历史的巴黎圣母院发生大火，整座建筑物损毁严重，修复工作随即展开。对于文物保护建筑，我们要如何修复？

答疑解惑

专家档案
廖 方 国家一级注册建筑师、国家注册规划师

老建筑修复和新造房子一样，需要进行调查。调查分为两部分：一是现场调查，主要是房屋检测，形成房屋检测报告。房屋检测首先是对结构安全性的评估，尤其是经过灾害损坏的，比如火灾、地震或者其他大的撞击的建筑，明确哪些地方必须要修理，哪些地方可以继续使用。

二是档案调查，了解被损坏的部分的原貌。建筑档案制度由来已久，一般新建房屋都要经过完整的设计和竣工验收的过程，图纸要存档，城市中各个时期建筑的档案都可以查到。存档的信息除了图纸之外，还包括当时的设计是由哪个建筑师做的，施工是由谁负责的，以及建筑的工艺，整个过程中有没有其他重大情况等。除了档案，还可以对住户或者使用者进行访问，收集整理资料。

哪怕没有档案留存，也会留下一些历史痕迹。比如巴黎圣母院，会有各个时期游客的照片、图片，以及文学家的文字描述等信息，这些都可以汇总起来，作为档案信息的一部分。如今档案也逐步从二维向三维过渡。可以采用三维扫描技术，通过不同的角度对建筑物内外部进行扫描，采集尺寸，作为修复时的参照。

在充分调查的基础上，建筑师会提出修缮设计方案并提交评审。获批后的修缮设计方案将被送交给施工单位。之后施工单位还要根据设计方案专门做出针对性的修缮施工组织方案并提交评审，获批后方能动工。

在修复过程中，工艺上也有一个原则，要尽量采用原材料、原工艺。历史建筑修缮的现场，可能一眼看去和现代化的新建建筑施

工现场不太一样。直观的感觉是机械化程度比较低，不是采用大型机械施工，而是有很多工匠在现场作业，力图原汁原味地再现建筑的原貌。

当然，不同的建筑修复也有不同的理念。有的希望"做旧"，新旧部分浑然一体；有的虽然用原材料和原工艺，但还是会将新旧部分明显区分，告诉人们哪些部分是新修复的。这个没有对错之分，只是理念不同。

院士公益报时

▲934公益报时,报时上海公益。我是中国科学院院士、复旦大学教授**杨雄里**。从事科学研究特别需要科学精神,科学精神的核心内涵是,在尊重权威的同时,要敢于挑战权威,勤思考,不盲从。尽信书,则不如无书,这种科学精神是培育科学创新的温床。手拉手,做公益。

港珠澳大桥背后采用了哪些高科技？

港珠澳大桥是世界上最长的跨海大桥，其中的外海沉管隧道是施工的一大难点，桥梁专家是如何解决这个难题的呢？

答疑解惑

专家档案

徐 伟 同济大学土木工程学院建筑工程系教授

港珠澳大桥是我国第一次在外海建造的、同时也是世界首个埋深40多米的沉管隧道，同时还做了两个人工岛，以及长达20多千米的接线桥。接线桥有三个通航孔，跨度大、高度高，可以使桥体既经得起风浪，又耐得住海水侵蚀，还留有宽敞的通航空间。

外海人工岛和5.5千米长的沉管隧道是整个工程的亮点。在水域下做隧道，采用的方法通常有三种：一是盾构法，二是沉管法，三是顶管法。长的隧道、大截面的隧道一般只能用盾构或沉管的方法来做。此项工程因地处珠江流域，则选用了沉管方法施工隧道。

首先要在隧道迹线附近找到一个岛，在上面建一个沉管的预制工场，沉管做好之后，通过浮运、沉放，在海底隧道迹线上形成一条贯通的隧道结构。在海底放沉管要严丝合缝，因此难度非常高，必须克服水上作业的各种困难，才能实现隧道结构的准确就位。

33节沉管由浅到深埋置在海底，最深的位置大概是在珠江口海底平面下20多米。施工人员要先在水下挖一条20多米深的槽，把沉管放下去，精确定位、对接，再在上面进行回填。放沉管时有特定的角度，保证一根根沉管衔接完好，难以分离。海底千变万化，有很多不确定因素，沉管管道要能承受住压力，避免出现隧道渗水、漏水的情况。

如果一切顺利的话，沉管放在海底能用上120年。2017年，在建中的港珠澳大桥就遭遇了强台风天鸽的正面袭击；2018年9月，港珠澳大桥再度经历了超强台风"山竹"的考验。结果证明，港珠澳大桥拥有非常强的抵抗能力，这是强大的工程团队和各方面的技术人员共同努力的成果。

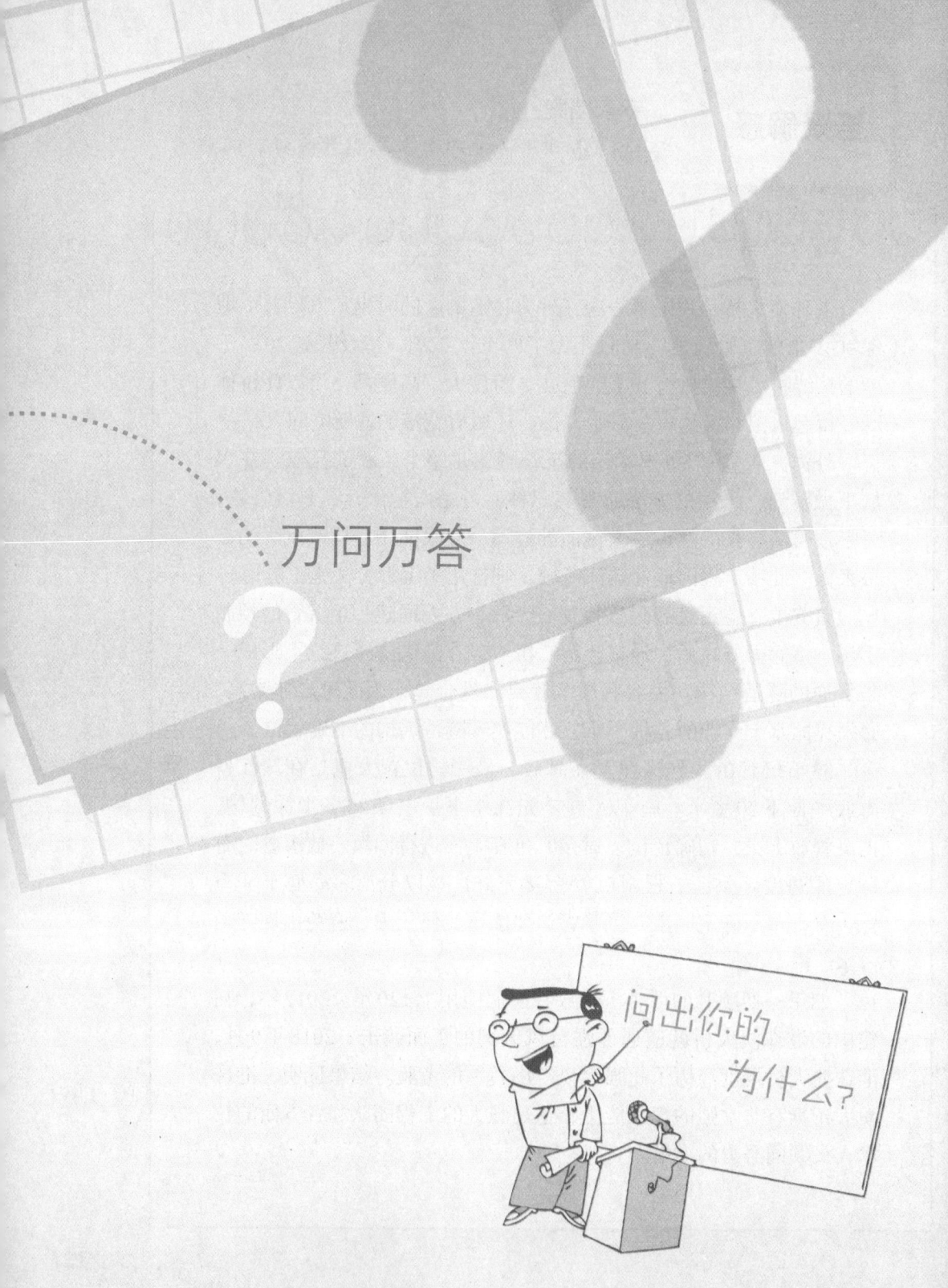
万问万答

致读者

为什么要问为什么?

《十万个为什么》是电台里"问题最多"的一个节目组,我们每天的工作就是和"问题"打交道——搜集问题、筛选问题、编辑问题、提出问题、回答问题、思考问题……与"问题"相处得越久,越会喜欢上这样的句式——你会发现,在看似平凡的问题之下,或许隐含着一个精彩绝伦的发现。

奥伯斯问过:为什么夜空是黑的?沈括问过:放入石胆水的铁片为什么会变成红色?达尔文问过:阳光照射的角度为什么会改变植物生长的方向?巴甫洛夫问过:听到铃声的狗,为什么没有食物也会流口水?……某种程度上,人类这个物种之所以有今天,恰恰是因为有着一个又一个这样的"为什么"。而我们,就是在用好奇之镜,带领大家放大平凡深处!

为什么会有这档节目?

或许有人会问,在互联网如此发达的今天,寻找一个问题的答案并不困难,你们的工作有什么意义?

对我们来说，问题的答案固然重要，但回答的方式与思考问题的过程更加重要。我们真正想带给大家的，是通过一期期节目，涉猎一个个可能未曾引起你注意的领域，激发出你对更多事物的好奇心，唤起你对未知的探索欲。

作为广播人，我们一直坚信声音的鲜活与动听，而聆听科学家与主持人聊天式的口述，则能拉近普通人与科学的距离。借助上海人民广播电台的平台优势，我们能搜集到更多人的问题，也能更快地找到最适合回答问题的人。

2019年4月，广播科普节目整合资源成立了"科学家族工作室"，集合了五档科普广播专题节目。我们拥有专业的科普节目团队和多年科普节目从业经验，我们拥有将简单的问题变得不简单的能力，也逐渐摸索出了将深奥的回答变得不那么深奥的方法。

为什么有了节目还要有书？

在上海市科学技术协会的大力支持下，在众多科研、科技、科普工作者的热心帮助下，在广大听众、粉丝的积极参与下，广播版《十万个为什么》已经解答了数百个为什么，留下了万余分钟的音频内容。同时，纸质版《万问万答——问出你的为什么》系列图书的顺利出版也离不开众多科技工作者们长期以来对我们广播科普节目的支持，离不开相关科研院所、高校及科普场馆提供的内容支持与嘉宾推荐等帮助，在此一并表示深深的感谢。

有时候，我们会感慨声音的转瞬即逝。虽然如今的信息化手段已经可以将声音更长久地保存，但总不如凝练成册来得郑重。将"问与答"成文的过程，更是一次对既有内容的梳理、精炼与审校。因此，这本书既是对过去两年多来节目的一次系统性整理与记录，也是对音频内容的一次重要补充与修订。

当然，我们更希望通过本书，致敬所有爱问问题的人，和所有热心解答问题的人！

上海人民广播电台 科学家族工作室
《FM十万个为什么》节目组
2019年7月

上海人民广播电台　科学家族工作室
《十万个为什么》专题科普节目
播出时间：
　　每周一到周五20：00—21：00在上海新闻广播（FM93.4/AM990）和东广新闻台（FM90.9/AM1296）同步推送。

节目互动参与方式：
　　下载手机APP阿基米德，进入"十万个为什么"社区，不仅可以点播、收听、下载所有节目，还能在社区里随时提问。

十万个为什么FM

图书在版编目(CIP)数据

万问万答：问出你的为什么.1/上海市科学技术协会，上海人民广播电台组编.—上海：上海科学普及出版社，2019
ISBN 978-7-5427-7568-9

Ⅰ.①万… Ⅱ.①上… ②上… Ⅲ.①科学知识—青少年读物 Ⅳ.①Z228.2

中国版本图书馆CIP数据核字(2019)第154469号

策划统筹　蒋惠雍
责任编辑　俞柳柳
装帧设计　赵　斌
绘　　画　邹　勤

万问万答——问出你的为什么1
上海市科学技术协会
上海人民广播电台　组编
上海科学普及出版社出版发行
(上海中山北路832号　邮政编码200070)
http://www.pspsh.com

各地新华书店经销　上海商务联西印刷有限公司印刷
开本 787×1092　1/16　印张 9.375　字数 150 000
2019年8月第1版　2019年8月第1次印刷

ISBN 978-7-5427-7568-9
定价：35.00元
本书如有缺页、错装或坏损等严重质量问题
请向工厂联系调换
联系电话：021-56422878